成为敏捷团队

[法] 克劳德·奥布里 著　　[法] 艾蒂安·阿佩尔 绘　　代林珂 译
Claude Aubry　　　　　　　Étienne Appert

文匯出版社

图书在版编目（CIP）数据

成为敏捷团队/（法）克劳德·奥布里著；（法）艾蒂安·阿佩尔绘；代林珂译.
— 上海：文汇出版社，2021.4
ISBN 978-7-5496-3459-0

Ⅰ.①成… Ⅱ.①克…②艾…③代… Ⅲ.①团队管理 Ⅳ.① C936

中国版本图书馆 CIP 数据核字（2021）第034412号

Originally published in France as:
L'art de devenir une équipe agile By Claude AUBRY & Etienne APPERT
© Dunod, 2019, Malakoff
Simplified Chinese language translation rights arranged through Divas International, Paris 巴黎迪法国际版权代理（www.divas-books.com）

本书中文简体专有翻译出版权由Dunod Éditeur S.A通过巴黎迪法国际版权代理公司授予上海阅薇图书有限公司。版权所有，侵权必究。
上海市版权局著作权合同登记号：图字09-2021-0140号

成为敏捷团队

作　　者 /	（法）克劳德·奥布里
绘　　者 /	（法）艾蒂安·阿佩尔
译　　者 /	代林珂
责任编辑 /	戴　铮
封面设计 /	王重屹
版式设计 /	汤惟惟
出版发行 /	文匯出版社
	上海市威海路755号
	（邮政编码：200041）
印刷装订 /	上海颛辉印刷厂有限公司
版　　次 /	2021年4月第1版
印　　次 /	2021年4月第1次印刷
开　　本 /	720毫米×1020毫米　1/16
字　　数 /	90千字
印　　张 /	12.5
书　　号 /	ISBN 978-7-5496-3459-0
定　　价 /	68.00元

前　言

　　这是一本探讨敏捷的书，为什么我要将它命名为《成为敏捷团队》呢？

　　这是因为我想呈现一个发展演变的过程，这与尼采的名言"成为你自己"不谋而合。从本质上讲，我们每个人都具有一定的敏捷性，但在公司如今的管理模式下，我们的敏捷性却因为异化或压力等原因被压制了。这本书将告诉大家，如何在一个团队中成为我们本来的样子。

　　一个团队并非生而敏捷，它需要变得敏捷。但它并不能通过服从"变敏捷"的指令而变敏捷，否则，这不过是另一种新的压制个体的管理方式。这就是为什么我要从个人和集体两方面来思考高效工作的新方法。

　　我选择"成为"这个词，意在说明这并非是一个机械式、技巧性或格式化的方法，而是需要经过不断思考来进行调整的过程。敏捷方法没有一个放之四海皆准的模板，它是一项工艺活。

旅程邀请

随着软件技术的进步，敏捷首先在信息技术领域（IT）得到了发展，随后逐渐流行于经济发展的各个领域。

敏捷用于IT之外的其他领域的例子很多，如：

- 活动准备（会议、婚礼）；
- 市场、商务、测试；
- 著书（如这本书）、教育；
- 车辆生产、房屋修建；
- 机械、电力等设备的设计。

如果说敏捷一词已经家喻户晓，它带来的好处却姗姗来迟。为什么呢？

敏捷运动活跃、开放且具有创造性，但对外行人来说其内容可能过于丰富而难以招架，并且这一领域的意见领袖（有的自称为敏捷教练）的立场也各不相同：

- 有的只了解他们重视的几个敏捷实践；
- 有的任由现存流程抑制敏捷性而不对其进行反思；
- 有的试图用一个大规模敏捷框架来解决所有问题；
- 有的自身基础还没有打好就想使用先进工具；
- 有的处在后敏捷状态（"敏捷已完成"）。

我希望这本书对所有想变得真正敏捷的人有所帮助，让他们可以理解得更透彻。

如今，组织不断变化，市场竞争日益激烈，在这种情况下诞生的敏捷方法有其复杂性。不过，我想用简单明了的方式来介绍一条通往敏捷的道路。这就是为什么我不会提出"一个方法"，而是邀请大家来设计自己的"敏捷养成术"。

如果有团队因为此书而变得敏捷，我就成功了。

谁应该读这本书？

本书面向非专业人士：

- 对敏捷一知半解，不太清楚如何使用或与自身有何关联的人；

- 其公司或团队准备启动敏捷，正需意见和建议的人；
- 早已开始实践敏捷却未见预期效果，正在寻找原因的人。

非本书所述

本书不会详细解释所有的敏捷实践，也不会专门介绍某一种敏捷方法。尽管借鉴了Scrum的某些概念和词汇，本书还是坚持以开放的态度来探讨敏捷实践的方法。

感谢所有为本书辛勤付出的人

本书是许多具有匠心的成员共同的心血。

感谢才华横溢、充满创意的艾蒂安·阿佩尔（Étienne Appert），正是他的插画让本书与众不同。

我在2009年出版自己第一版关于Scrum的书时就认识了让-吕克·勃朗（Jean-Luc Blanc）。让-吕克对这本新书的付梓起到了决定性作用：是他说服艾蒂安参与本书的创作，也是他简化了那些复杂的设计。他是我们团队中能干可亲、当之无愧的Scrum Master，感谢让-吕克。

本书的多学科团队因伊夫·特朗布莱（Yves Tremblay）富有才华的版式设计和玛克辛·普泽（Maxine Pouzet）认真仔细的校对而更加完整。

我们的集体合作经验证明，即使是我们这样的情况（即第六章中介绍的三种混合敏捷的变体），也可以将敏捷应用到图书创作的过程中。

在本书结尾处，我们分享了三个敏捷团队的案例。

非常感谢亚历克西斯·蒙维尔（Alexis Monville）、克劳德·安德里厄（Claude Andrieux）和让·凡德拉维奇(Jan Vandravik)，感谢他们提供了自己团队的敏捷报告。

在部分采纳编辑意见后，我将本书内容做了些许调整，以求将最优质的内容呈现给读者。

感谢所有为本书辛勤付出的人：艾丽斯·巴拉伦（Alice Barralon）、亚历山德里娜·卢布拉杜（Alexandrine Loubradou）、巴哈里·内贾特-巴赫什（Bahareh Nedjat-Bakhsh）、埃莱娜·德哈斯（Hélène Dehaese）、来自波士顿的亚历克西斯·蒙维尔、来自卑尔根的洛尔·莫尔尼斯（Laure Molnes）、克劳德·安德里厄、让-帕斯卡·博格纳德（Jean-Pascal Boignard）、让-弗朗索瓦·马龙涅尔（Jean-François Marronnier）、贝特朗·乌里希（Bertrand Uhrig）、斯特凡纳·朗格卢瓦（Stéphane Langlois）、阿兰·萨凯（Alain Sacquet）、邦雅曼·卡巴纳（Benjamin Cabanne）、西里尔·热利诺（Cyrille Gélineau）、梅拉妮·拉凯鲁兹（Mélanie Lacayrouze）、莉莲·里科（Lilian Ricaud）和亚历山大·布坦（Alexandre Boutin）。

其中，特别感谢让-弗朗索瓦、让-帕斯卡和克劳德，尽管我经常会抛出问题，但他们总能快速、准确、耐心地解答。

克劳德·奥布里（Claude Aubry）

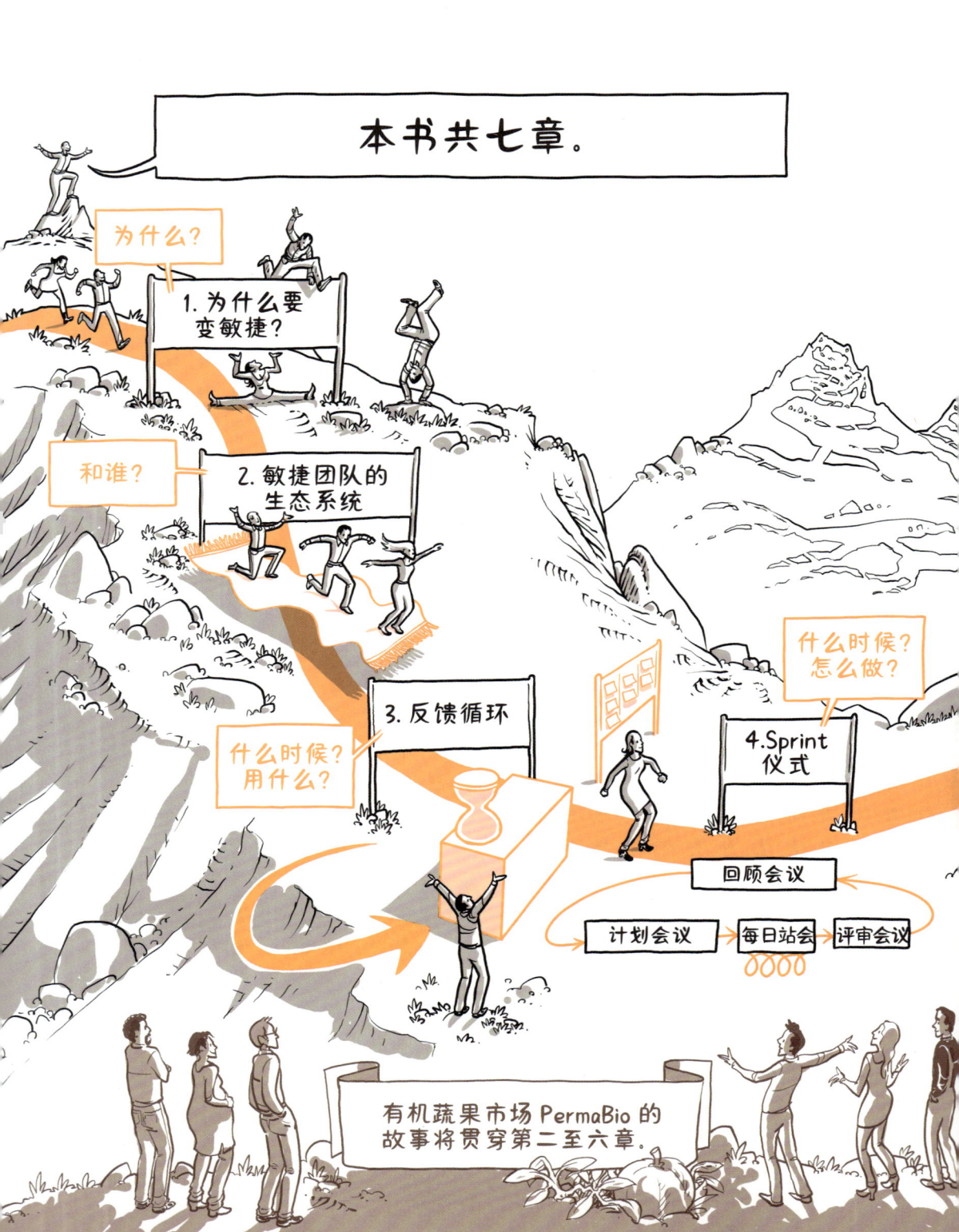

目 录

前言 / I

第一章
为什么要变敏捷？

敏捷是什么？ / 2

文字的重量 / 4

历史一瞥 / 6

敏捷潮流 / 8

当心假敏捷！ / 11

归根结底，为什么要变敏捷？ / 13

什么是真敏捷？ / 16

敏捷和摇滚 / 18

每个团队都有自己的目标 / 21

通过聚焦变敏捷 / 22

PermaBio项目 / 25

第二章
敏捷团队的生态系统

和谁？TAPIS团队 / 30

T为合适的规模（Taille） / 32

A为自组织（Auto-organisation） / 35

P为多学科（Pluridisciplinaire） / 37

I为认同感（Identité） / 40

S为稳定性（Stabilité） / 42

产品负责人 / 45

Scrum Master / 47

利益相关者 / 49

重建信任 / 51

PermaBio团队及其生态系统 / 54

第三章
反馈循环

工作流 / 58

待办列表对团队的帮助 / 59

待办列表包括故事 / 62

PermaBio的待办列表 / 64

Sprint，是TOP！ / 69

T为时间盒（Boîte de Temps） / 70

O为目标（Objectif） / 72

P为计划（Plan） / 75

结果，是FUN！ / 76

一季聚焦 / 79

第四章
Sprint仪式

我们需要仪式 / 84

Sprint的四个仪式 / 86

Sprint计划会议 / 88

Sprint每日站会 / 94

Sprint评审会议 / 100

Sprint回顾会议 / 106

养成变敏捷的习惯 / 113

第五章
新文化日常化

　　团队开发故事 / 118
　　团队完善故事 / 120
　　团队学会更好地工作 / 122
　　如何应对紧急任务 / 124
　　如何做决策 / 126
　　产品负责人的一天 / 128
　　Scrum Master的一天 / 130
　　团队成员的一天 / 135
　　思考的时间 / 138
　　间歇工作 / 139

第六章
聚焦之路

　　条条大路通罗马 / 142
　　整装出发 / 143
　　选择道路 / 146
　　紧急请求流道路 / 147
　　外包道路 / 148
　　分散团队道路 / 149
　　从小处着手 / 150
　　了解当前进度 / 153
　　前进并适应新情况 / 154
　　转身是为了更好地重新出发 / 155
　　旅程取消 / 156
　　实现聚焦 / 157

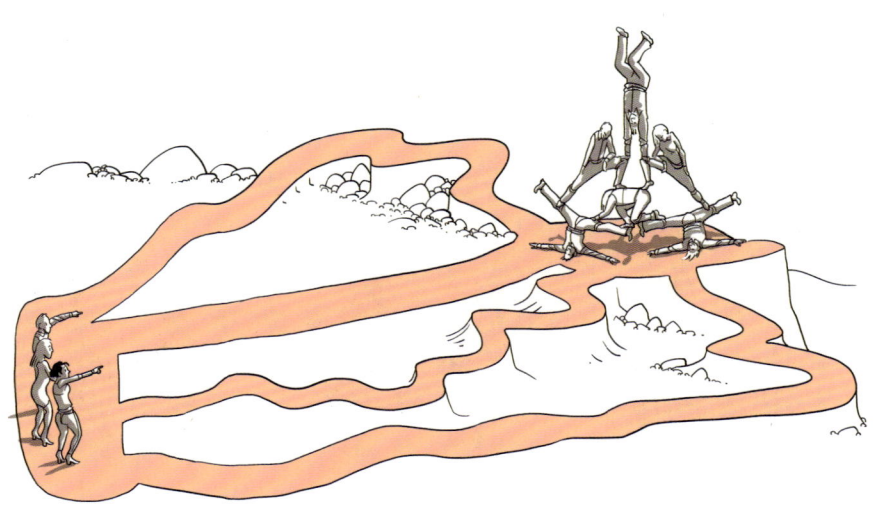

第七章
通往更敏捷之路

然后呢？首先，团队的可持续发展 / 162

技术精进 / 164

价值最大化 / 166

巩固敏捷 / 169

每个团队选择正确道路的重要性 / 170

红帽团队的聚焦之路 / 172

罗格朗团队新文化的发展 / 174

法国巴黎银行团队的敏捷评估 / 177

启发本书的读物 / 181

第一章
为什么要变敏捷?

敏捷是什么？

第一章 为什么要变敏捷？

---

1 译者注：法语中"敏捷"为"agilité"，"动荡"为"agitation"，作者将这两个词放在一起对比，意在强调"敏捷"不是制造"动荡"。

文字的重量

一群人围成弧形站在贴满便利贴的白板旁,一个新人朝他们走来——有人告诉他,这是一个敏捷团队——他在想他们说的是什么语言。他听到了一些英语和法语单词,还有一些神秘的缩写词。

我将在后面逐一解释这七个词。我们的新人肯定还会听到很多别的词,但我不会介绍,因为这类行话对普及敏捷的概念没有多大帮助。

十五年来,敏捷的发展主要得益于Scrum。这一点可以从使用的术语看出,它的大部分词汇来自Scrum领域。

尽管Scrum和敏捷不是一回事,却很容易被混为一谈。我们常常在各种文章、社交平台和招聘启事中看到"Scrum"和"敏捷"混用的现象。

发明这些术语的人是想借

类比的手法来解释其含义，这两个词在字典中的意思是：

- 英语的scrum与橄榄球运动有关，即法语的mêlée[1]；
- 在英语或法语词典中，我们能轻易地找到形容词agile（敏捷的）。

敏捷的原义是"迅速或自如地行动"。敏捷的头脑很灵活，能迅速理解和掌握情况。

为了与橄榄球中的scrum（小写s）进行区分，我们写作Scrum（大写S）。至于敏捷的形容词（agile）和名词形式（agilité），有些作者会大写首字母A。我不打算这样做，我会继续保留其小写形式来体现团队的适应能力。

既然**敏捷专家**（agiliste）被称为敏捷信徒，那么其对应的思想运动就应该叫作**敏捷主义**（l'agilisme）。但这个词并没有得到推广，而是用"敏捷"一词来同时表示团队的适应能力和这一思想。

诚然，Scrum是敏捷运动的一部分，是组成运动的重要因素，但谈不上是唯一的因素。因此，我们可以不用借助Scrum来解释敏捷。

---

[1] 译者注：在橄榄球运动中，英语单词scrum和法语单词mêlée在中文里被译作"并列争球"。

历史一瞥

前传（2001年前）

虽说软件正在占领全世界，但软件开发却是一门新兴学科。很快，软件开发者意识到自己所在行业的工程与工业工程不同，软件和硬件不能混为一谈。

从20世纪80年代起，软件工程领域出现了迭代和增量开发的概念。不懂软件的工业经理花了很长时间才接受这两个新概念，他们原本还打算把自己那一套方法照搬到软件领域。

事实证明，用工业方法来应对软件领域的特殊问题是非常低效的。

在20世纪90年代，Scrum使短周期这一想法重焕生机，并在其中加入了团队自组织的概念。

为什么要借助橄榄球运动来解释Scrum呢？十年前，一群日本学者在探索复杂创新产品的最佳开发方式时，证明了团队协作的有效性。团队中的所有人都朝着同一方向前进，就像橄榄球运动中并列争球的场景。

Scrum的创始人肯·施瓦伯（Ken Schwaber）和杰夫·萨瑟兰（Jeff Sutherland）借用此类比来突出集体努力这一中心思想。

《敏捷宣言》和敏捷方法（2001—2006年）

我们现在讨论的"敏捷"一词源于《敏捷宣言》。在2001年12月，17位软件工程专家在落基山脉下宣读了他们的创始宣言，该宣言明确反对烦琐的工业流程和当时盛行的泰勒主义[1]。

《敏捷宣言》强调人在团队合作中的首要地位，并且明确表示要抛弃当时被广泛运用的由专家为执行者制定的各种流程。

这份宣言只有108个字，它不是一份详细的说明书，而是一次呐喊。

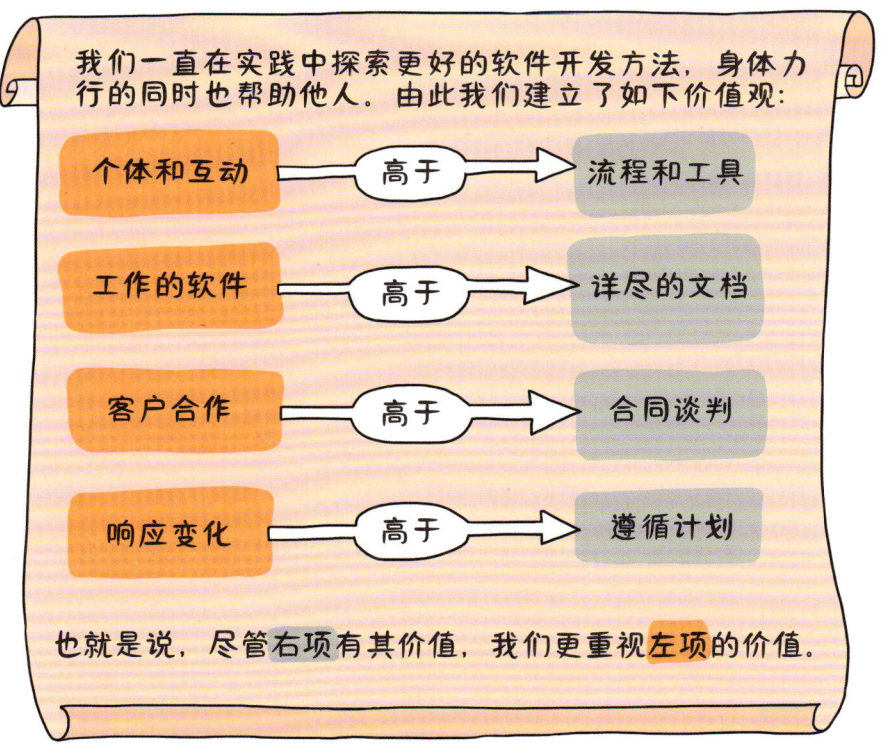

---

[1] 译者注：泰勒主义又称"科学管理体系"，其主要特点为实施标准化管理，制定工作定额以提高劳动生产率。

《敏捷宣言》不会指导如何做——使用哪种实践，以什么顺序进行，而是将Scrum和极限编程等各种方法统一归在一项名目之下，统称为**敏捷方法**。最初，这些方法只是被悄悄传播，随后，范围逐渐扩大。敏捷是前方牵引的发动机，Scrum是后方支持的助推器。

Scrum是最为流行的敏捷方法（从2006年起）

许多敏捷方法已经渐渐消失了，但调查显示，尽管过去了十几年，于2006年兴起的Scrum仍在各项敏捷实践中占据绝对的主导地位。

这可以从该领域使用的术语中看出，如被大量使用的（用于迭代开发的）sprint和（用于待办事项的）待办列表（backlog）。几乎所有人都认可Scrum Master和产品负责人的作用，这些词如今也出现在招聘启事中。

讲到这里就结束了吗？有人说Scrum和敏捷是一样的。Scrum指的是将敏捷付诸实践的操作方式，因此两个概念本质上是不是没什么区别？不完全是这样。

敏捷潮流

新技术

敏捷运动逐渐成熟、壮大。在此运动中占据优势的Scrum，其词义也变得愈发开放和丰富。《敏捷宣言》首先借助敏捷方法，为软件开发奠定了稳固的根基，使其之后能蓬勃发展。随后，没有盘根错节的烦冗复杂，新技术的枝芽开始生长，并伸向了敏捷运动想要涉足的新的知识领域。

这些都可以从与敏捷相关的作品以及在法国各地及纳瓦拉举办的多场会议中看出。

最近，这些会议的主讲嘉宾提到了系统学、朴门永续设计[1]以及神经科学等新学科，这预示了未来几年的发展趋势。

这种开放的局面扩大了可覆盖的产品或服务的生命周期。

除了开发，敏捷实际上也用于从产品定义到投入使用（所谓的运作）的整个远程。随之出现的是与之相应的管理方法。针对大规模敏捷实践的建议和改善团队合作的新型工具不胜枚举。大量工程学的操作方法和工具有助于实现对卓越技术的追求，而后者是《敏捷宣言》的重点之一。流动方法为处理这些需求提供了一种新思路。

请放心，本书不是要你为了变敏捷而去了解所有细枝末节的概念，以上大部分概念都是为已经变敏捷、还想要变得更敏捷的团队提供的。

新的受众

通过对新技术的测验和使用，敏捷带来了全新的活力和影响力。

除软件开发者之外，它还引起了其他领域工作者的兴趣，首先是IT领域。

其中一个原因是术语发明者的绝妙类比产生了影响。敏捷变得非常流行，在各种场合，甚至是政治演讲或电视广告中，我们都能听到人们使用敏捷这个词。

意义的丧失

敏捷运动是一次胜利。但坏的一面是，随着思想运动的兴起和新信徒的大量涌入，敏捷失去了原本的意义。

意义的丧失必然会导致假敏捷的出现。这让一些人认为敏捷对他们不起作用，但真实的情况通常是他们没能让敏捷发挥作用……

---

1 译者注：朴门永续设计通过效法自然的永续发展方式，可以使农业生态系统拥有丰富的物种和较强的自然适应能力，并保持生态稳定。

成为敏捷团队
L'art de devenir une équipe agile

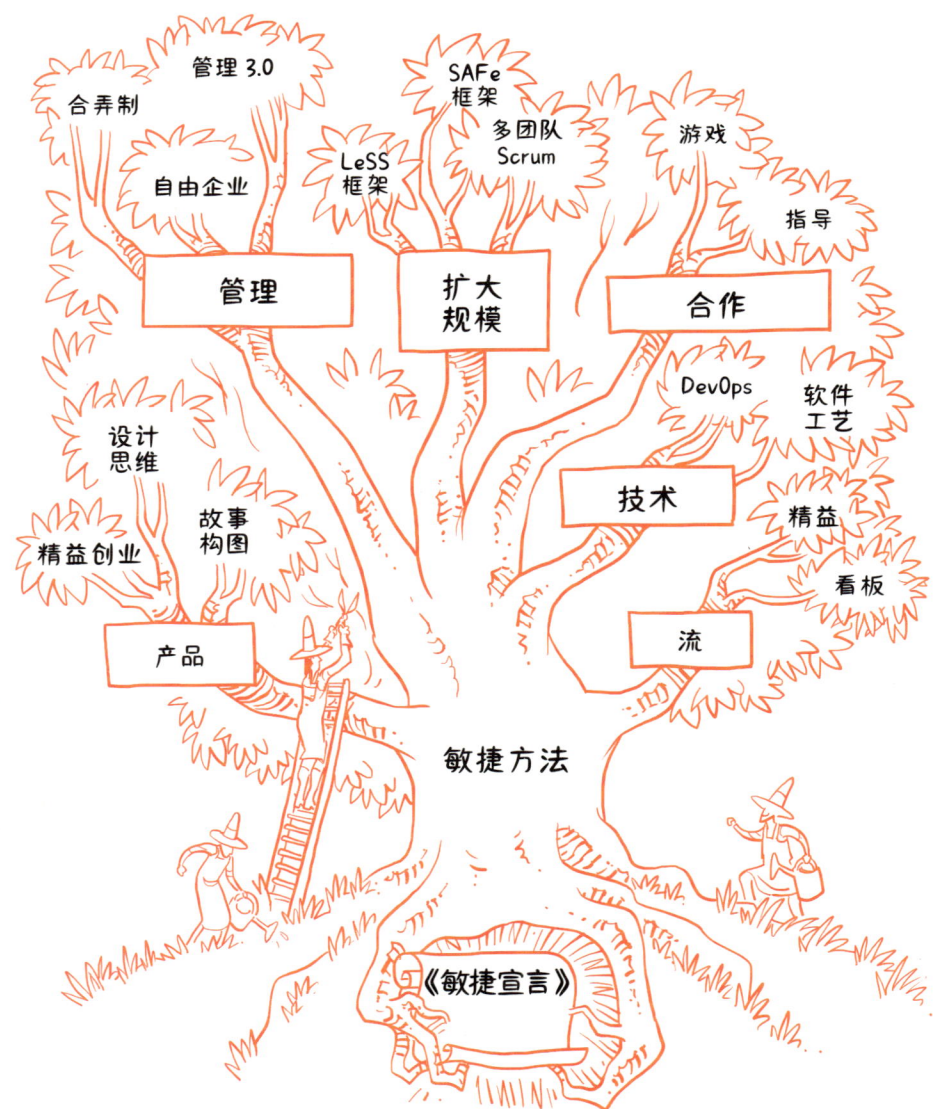

当心假敏捷！

如果说敏捷思想已经成为主流，那它的实际应用可就差得远了。《敏捷宣言》的发起人之一马丁·福勒（Martin Fowler）提出了"假敏捷"（法语为faux-agile）一词来揭示理想和现实的差距。

他认为，现在正是敏捷运动中斗争最激烈的时候。

造成假敏捷出现的原因数不胜数。此处列出五点原因，其法语首字母可组成缩略词IMPRO。

I为忽略（Ignorance）！

伊琳娜忽略了能为用户带来成果的是多学科的敏捷团队这一事实。作为价值链中的一环，她所在的岗位也非常重要。

认为敏捷只对开发者有用，这样的想法就是把以客户为中心的准则弃之不顾。

M为喜旧厌新（Misonéisme）！

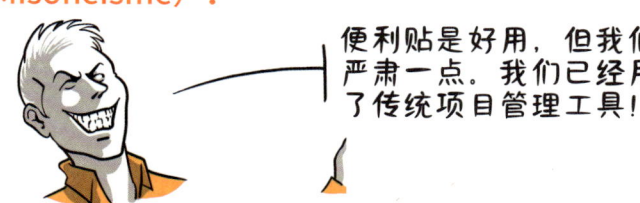

马蒂亚斯不仅拒绝使用便利贴，也不接受可视化管理带来的其他新鲜事物。他的第一个借口就是要使用以前习惯用的IT工具。

拒绝创新（这里指社会创新）可能会造成人与人之间的合作减少，而团队协作是敏捷的核心内容。

P为害怕（Peur）！

菲利普是一位靠施加恐惧感和破坏信任来管理团队的管理者。这种"胡萝卜加大棒"[1]的管理方法早就被证明没有用了。

控制不会带来信任，而信任对于敏捷至关重要。

R为削弱（Ratatinement）！

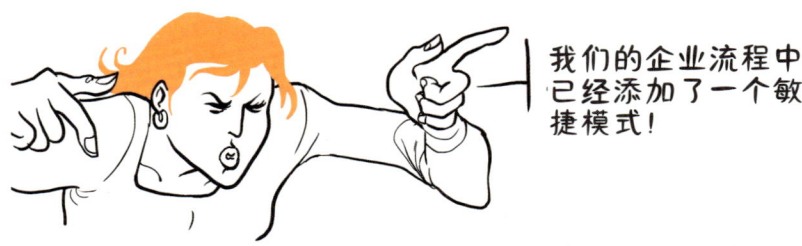

罗克珊娜把敏捷纳入一个庞大且固定的流程中，将敏捷的影响范围降到极低。

如此削弱敏捷，其最好的结果也不过是实现局部优化，收效甚微。

---

1 译者注："胡萝卜加大棒"通常指的是一种激励政策，即运用奖励和惩罚两种手段以诱发人们所需要的行为。

O为傲慢（Orgueil）！

奥利维埃是一名过于自信的产品经理。

他认为可以忽略"反馈循环"这个重要的敏捷概念，这种观念是傲慢的表现，且极为危险。

我们将加入这场反对假敏捷的斗争，但在这之前，我们要先搞清楚为什么要变敏捷。

归根结底，为什么要变敏捷？

如果说践行敏捷是为了迎合潮流，这显然没有说服力。重要的是弄明白敏捷是否适用于我们正在做的工作。

知识型工作和工业型工作

经典项目管理工具可以成功管理许多传统工业项目，如阶段性流程、详尽的文档、WBS[1]和甘特图[2]等等。这些第二次工业革命期间留下的工具以泰勒主义及其相关管理方法为基础，适用于工业模式。

---

[1] 译者注：WBS指Work Breakdown Structure，中文译为"工作分解结构"，即把一个项目按阶段可交付成果分解成较小的、易于管理的组成部分。

[2] 译者注：甘特图（Gantt chart）又称横道图、条状图，以提出者亨利·洛朗斯·甘特（Henry Laurence Gantt）的名字命名。其通过条状图来显示项目、进度和其他时间相关的系统进展的内在关系随着时间进展的情况。

工业一直都存在。而如今，知识型工作逐渐占据越来越重要的地位，它是社会信息技术化，即所谓的数字化转型的核心。但凡涉及重复任务的自动化操作，工业领域就会掀起一阵知识型工作的浪潮。也就是说，知识型工作在许多新项目中发挥着重要作用。

从以下几点可以看出两种工作的不同之处：

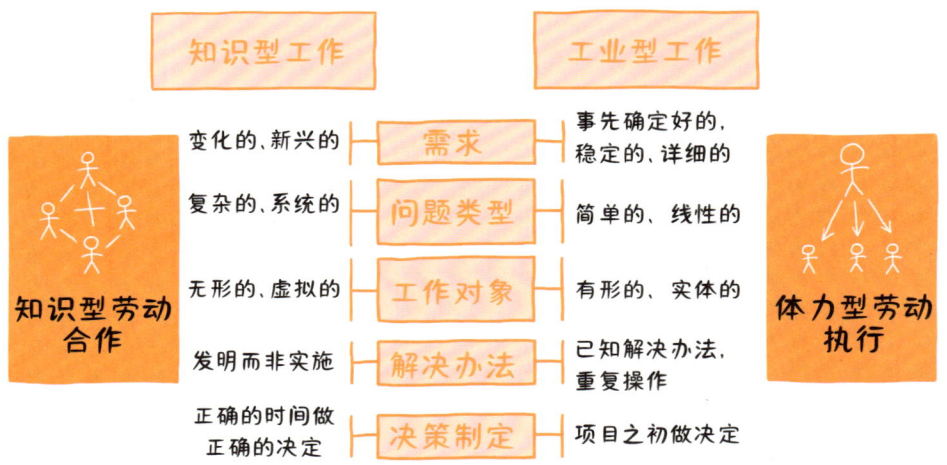

如果你从事的工作比较符合左边的描述，那么你处在知识型工作领域。恭喜，敏捷正是一门适用于知识型工作的哲学，它和适用于工业领域的思维方式截然不同。

文化混合导致假敏捷

导致假敏捷出现的主要原因是，在从事知识型工作时还保留着工业模式下的旧文化和旧工具。

我们还停留在执行命令的体力劳动思维方式里，而我们面临的是需要依靠脑力劳动完成的工作。

马丁·福勒在悉尼的主题演讲中谴责了那些想让敏捷工业化的人。他们往往是无意识地这样做,因为一旦在工业模式中工作很多年,就很难忘记这种文化了。

有证据吗?

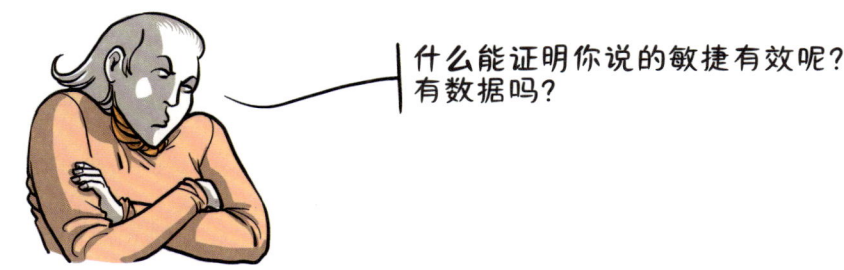

一个团队要想变敏捷,需要先适应知识型工作的文化和工具。

2018年春季出版的《加速》(*Accelerate*)一书是对科技公司超过三年调研的成果。它证明了进行精益、DevOps[1]和敏捷实践的公司表现得会更好,能提供非常优质的服务。

例如,在最终用户[2]看来,频繁交付可以大大减少错误。《加速》的第三章证明了文化对绩效的影响。

为什么?经济学原因!

你正在从事知识型工作,这就是为什么你想要变敏捷。事实证明,敏捷方法适合这类工作。

你现在已经相信敏捷可以给你带来好处,但还存在一个困难:创建新文化必然需要一定的投资。否则,假敏捷会导致失败。

要做哪些投资呢?这取决于你想实现哪种程度的真敏捷。

---

1 译者注:DevOps(Development和Operations的组合词)是一组过程、方法与系统的统称,用于促进开发(应用程序、软件工程)、技术运营和质量保障部门之间的沟通、协作与整合。
2 译者注:最终用户,即产品的直接使用者,是真正需要这个产品的人,也是对产品要求最高的人。

什么是真敏捷？

什么是团队的真敏捷？如何来衡量呢？

执行敏捷

评估者的经典方法是制定一系列的实践，并检验它们的执行情况。为团队制定敏捷实践清单是很容易的事：如果团队遵循了这些实践中的绝大多数或全部，则认为该团队是敏捷的。

不过，仅凭执行情况来对敏捷进行评估是不够准确的，因为业界无法对该实践清单的内容达成一致。再者，判定敏捷也不应局限于几次实践。

敏捷状态

正如《敏捷宣言》所述，敏捷遵循一定的价值观和原则。

以下两个例子可以体现它的基本原则：

- 自组织，仅存在于充满关怀的组织中，由团队自己定义其工作方式；
- 通过与用户定期互动来构建产品或服务的迭代方法。

敏捷状态，即在遵循原则的前提下进行实践。

那么，根据这些价值观和原则就能判断一个团队是否敏捷吗？没那么容易。此外，这样的观察过于静态：敏捷不只是我们所做之事，不只是我们某个时刻所处的状态，它还是我们前行的一个方向。

变敏捷

为了确保我们朝着正确的方向前进，最好的办法是紧盯最终产品，时刻关注团队是否定期为其用户（更普遍的说法是利益相关者）创造价值。

在学习**敏捷爽畅模型**[1]（modèle Agile Fluency™）后，我们选它作为评估敏捷的方法。

敏捷爽畅是一个价值导向的模型，它呈现了变敏捷的各个阶段。

商业价值（英语为 business value）能反映客户（和用户）使用新版产品时的满意度，这里还包括由学习带来的价值，即无需将产品交给最终用户使用，我们可以（通过学习）改进产品。

敏捷旨在获取价值，一个能定期获取价值的团队可以变得敏捷。

在讨论迭代开发时，有些人说："敏捷，这不就是常识嘛，我们一向都是这么工作的。"我们可以面带微笑地问他们："您是否向用户完美地演示过迭代完成的结果呢？"

当然，我们确实可以从某些实践中发现常识（尽管常识的概念需要慎重对待），但是这句话却低估，甚至否认了为获取敏捷的最初效益所付出的努力。

投资[2]带来的效益

敏捷爽畅模型不仅可以用来判断我们是否已经变得敏捷，还可以回答以下两个问题：

- 我们的目标是什么？
- 我们打算为实现目标付出多少努力？

它展示了掌握敏捷的各个阶段。通常情况下，演变过程中的突破往往是飞跃性的。这里选用的"掌握"一词指的是团队有效地开展了一项实践，即这项实践经过反复练习而转化为团队的一种习惯，即使处在压力之下，团队也不再质疑它的可靠性。

---

1 译者注：敏捷爽畅模型由詹姆斯·肖尔（James Shore）和戴安娜·拉森（Diana Larsen）提出，参见最后一章的参考书目。
2 译者注：这里的投资不仅仅是资金方面的投资，更是时间上的投资。

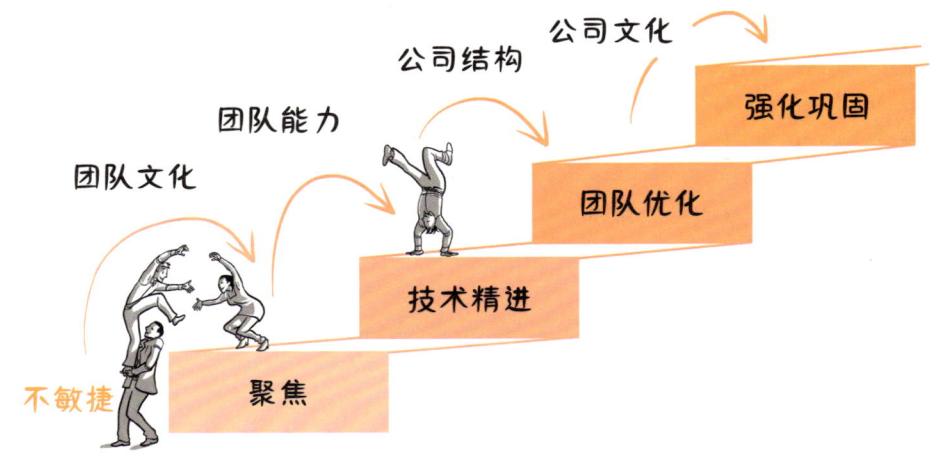

各个阶段都伴随着敏捷收益和必要投资。意识到这两点非常重要，因为企业如果不做投资就会导致假敏捷。

需要注意的是，这一模型适用于一个团队，而非个人或整个公司。

敏捷和摇滚

我们将用摇滚乐队的例子来展示从"不敏捷"到"强化巩固"的几个阶段，并说明各个阶段需付出的必要投资和期望收益。

不敏捷

故事要从三个在卧室里弹吉他的家伙说起。

他们互相认识，偶尔做做彼此的听众，但从没一起演奏过。他们还没有组成一支真正的乐队。

没人听过他们的合奏。

第一章 为什么要变敏捷?

聚焦

他们找了一个鼓手,三个人变成了四个。为了成为真正的乐队,他们在车库里一起排练,并给乐队取名为"敏捷之兔"。

几个月后,他们多了几首新歌。在法国夏至音乐节上,他们第一次登上舞台,台下有十几位观众都在为他们喝彩。尽管弹错了几个音符,但他们这次合作很愉快。

技术精进

他们苦练技术,学习理论。他们开始自己写歌,并找到了更适合排练的地方。他们上传了一首歌到网上,获得了更大的曝光量。

敏捷之兔参加了青年之家举办的各种歌唱比赛。多亏他们在曲子上下了不少工夫,他们信心十足地应邀去小型演奏厅做一些暖场表演。

19

团队优化

敏捷之兔的名声传到了外地,电台也开始推荐他们的歌。他们签了一个大型唱片公司并雇了一位艺术指导,和公司员工一起筹备巡回演唱会。

他们的梦想实现了,在巴黎天顶体育馆举办的演唱会座无虚席。表演结束后,粉丝们等着他们出来。

他们出了专辑,让更多的人可以听到他们的作品。

强化巩固

敏捷之兔继续追求着他们光鲜亮丽的事业。在没有演出时,乐队成员会帮助或暂时加入其他乐队。他们受邀进行即兴表演。他们还开了一家工作室来扶持新乐队的发展。

第一章 为什么要变敏捷？

第七章会继续介绍敏捷之兔。

每个团队都有自己的目标

尽管掌握敏捷的这几个阶段代表了需要逐步获得的能力，但这里不是要给大家

提供一个需要遵循的成熟模式，并不是说目标越高就越好，毕竟不是所有吉他乐队最后都能成为齐柏林飞艇[1]（Led Zeppelin）或 IDLES[2]。

事实上，每个阶段都有其优点。尽管强化巩固阶段比聚焦阶段更为敏捷，团队仍然可以根据自己的实际情况，将目标仅仅设立在聚焦阶段。

> **话虽如此，难道不需要提升技术能力来实现聚焦吗？**
> 提升技术能力对获取高质量的成果来说既是重要的，也是必要的。然而，在达到技术精进的阶段之前，首先需要解决的问题是建立起一个聚焦团队。

通过聚焦变敏捷

达到聚焦阶段，团队就变敏捷了。为了实现这一目标，团队需要改变自己的文化，掌握基本的敏捷知识并定期产生价值。

根据团队产出的结果，经理及团队活动的所有相关人员能够：

- 及时调整团队方向；
- 对团队工作有一个更清晰的认识。

管理层和公司的投资

利益相关者只有改变自己对待团队的方式，才能最终获益。

---

1 译者注：英国著名摇滚乐队，1968年组建于伦敦。
2 译者注：英国朋克摇滚乐队，2011年组建于布里斯托尔。

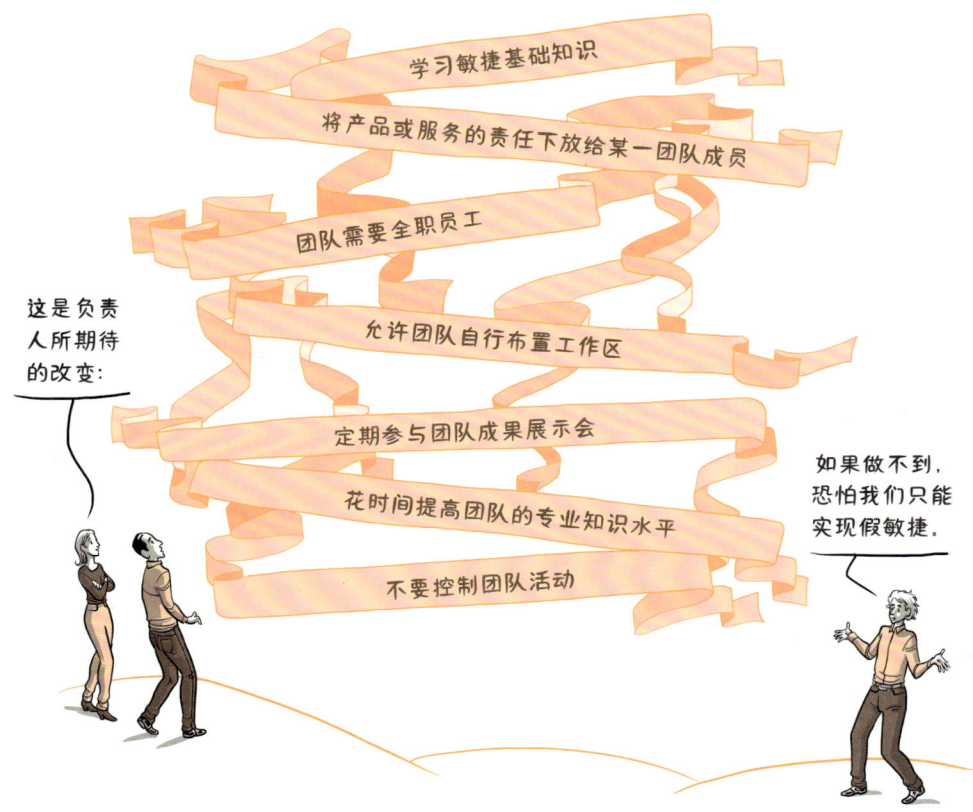

为了达到聚焦阶段，对团队来说需要大改的不是技术，而是文化。这就是为什么只有当管理层参与到敏捷实践中并给予团队安全感，集体文化才得以发展，敏捷才有可能实现。

通过什么方法实现聚焦？

这不仅是选择一个方法，更是选择一条要走的路。这里有几条路可以选。对于想从不敏捷变得敏捷的团队，我们可以选择最容易的一条。

我们在坚持敏捷基本原则的前提下，可以忽略变敏捷的非必要条件（这些条件用于让团队变得更敏捷）。

敏捷爽畅的创始人认为Scrum、看板（Kanban）以及极限编程的非技术部分都是实现聚焦的方法。

我们选择的道路基于以下三个领域中的一些概念：

- 借鉴Scrum的专业词汇，如产品负责人、Scrum Master、待办列表和sprint的概念；
- 借鉴极限编程的专业词汇，如故事和结对编程实践的概念；
- 借鉴看板的专业词汇，如看板和限制进行中的任务数量的概念。

再加上有利于团队文化建设的一些仪式，我们就获得了一种实现聚焦的混合敏捷方法。

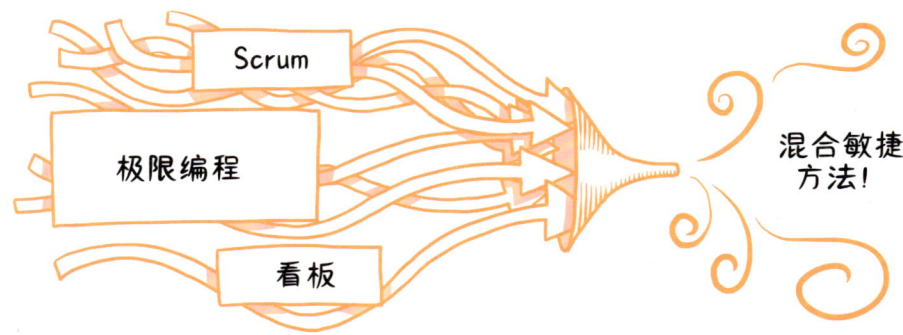

团队旅程，你准备好了吗？

我们将在第二章至第六章向你讲述虚构项目PermaBio的故事，你马上就能了解这一项目。

旅程的目标是达到聚焦阶段的敏捷。聚焦之后，旅程将继续前往其他阶段，我会在第七章中进行介绍。

PermaBio项目

皮埃尔

皮埃尔是PermaBio的创始人。他对自己的项目描述如下：

"PermaBio的诞生是由于人们想吃优质的本地农产品。随着郊区朴门永续设计的发展，越来越多的农夫有了剩余农产品。PermaBio的目标是成为有机蔬果的就近交易平台。

在生产方面，PermaBio拥有一个占地1公顷的朴门永续设计农场，由住在周围且经过认证的农夫负责种植。

水果和蔬菜原则上是按需收获的，不会进行储藏。当然，这意味着我们只能提供时令水果和蔬菜。

PermaBio已经验证过给居民配送蔬菜的可行性，现阶段的目标是通过提供服务来实现更长远的发展。与其配送某种水果或蔬菜，不如配送制作一份菜肴所需的食材。客户不用知道具体需要购买哪些食材，他只要说出想做什么菜、几人份，PermaBio就会给他送去食材，接下来只需按照食谱准备菜肴就可以了。"

> **举例**
>
> 一位父亲想做汤,但家里没有菜;他打电话给PermaBio,让平台配送菜汤的食材和食谱。
>
> 价格按份计算:不用称重,也不用知道单价。购买的数量越多,单价越便宜。
>
> 限自行车配送,范围为10公里内的地点。承诺下单后的1小时之内送货上门。
>
> 仅PermaBio或认证种植者的农场可以供货。因此,菜单要按季节进行更新。
>
> PermaBio可提供汤、前菜、素菜和水果甜点。
>
> 菜单每天更新。PermaBio提供所有的烹饪原料,包括调味料。
>
> 我们的项目是让所有喜欢有机食物和朴门永续设计的人享受到我们的服务。我们的价值观是:
>
>

为什么PermaBio可以变敏捷？

敏捷是否适用于皮埃尔的项目可以用知识型工作的标准来判断，让我们一起看看吧！

- 皮埃尔的想法具有前瞻性，但详细需求仍有待确定。
- 皮埃尔的预算不多且面临着许多未知的困难，他不得不根据实际情况随机应变。
- 项目需要与已经认证的种植者、自行车配送员和客户频繁打交道，整个过程非常复杂。

通过这三点，我们可以告诉皮埃尔他想开拓的服务属于知识型工作领域，因此敏捷与他的项目息息相关。

参考第四个标准，即服务工作是无形的，得出的是一样的结果。PermaBio从没有尝试过服务项目，这与PermaBio所做的其他工作（比如采摘土豆或樱桃）完全不同。PermaBio尽管对这些属于农业而非工业领域的工作早已熟悉，却对新型服务知之甚少。

想让体力劳动变敏捷是不切实际的。但如果皮埃尔想实现采摘过程自动化或开发除草机器人，我们就又回到了知识型工作的领域，敏捷便是优选。同样，如果PermaBio打算开创用于朴门永续设计的小块土地的服务，敏捷也是上策。在这些情况下，通过短周期迭代来检验结果是较优的方案。

于是，皮埃尔被说服了，他相信敏捷对PermaBio团队大有好处。

和谁？TAPIS团队

团队不仅仅是一群人

并列争球的类比突出了一个队伍向共同目标迈进的概念。橄榄球运动员与队友一起朝着同一目标前进，而对手也在做同样的事，他们真切地感受到此事的意义。

引用橄榄球爱好者丹尼尔·埃雷罗（Daniel Herrero）的一句话："并列争球是集体努力的精髓。"与橄榄球运动一样，敏捷团队不只是在某个时刻把一群人聚在一起，更是队员之间的所有互动，全员团结起来奔向同一个目标。

顺便一提，团队通常与公司不同。一个公司可以有多个团队，而一个团队有时可由多个公司的成员组成。无论如何，总是团队在产出结果。

团队要经历不同的阶段。首先，团队成员必须了解彼此，养成一起工作的习惯。

聚焦是成为敏捷团队的第一步，即能定期产出结果。这并不是指某项流程或职责，而是指一种文化。

新心态

改变心态从改变话术开始：员工不是可交换的资源，要抛弃把员工当机械齿轮对待的工作流程。

并列争球的类比表明成员间的关系才是最重要的。

因此，一群人变成一个聚焦团队不是通过新的流程。有些人或许会感到失望，不再有明确的职责分工，也不再有详细的执行列表规定每个人在项目开始时会被分配什么任务、项目结束后需要交出什么成果。这一切都将通过协同工作来实现。

团队信任

敏捷团队的边界并不模糊：我们知道什么属于敏捷团队，什么不属于。但是这个边界并不是固定不变的：团队与外界的交流非常多且很有必要，因为它并不是孤立存在的，而是生态系统的一部分，这个生态系统包含了与团队利益相关的所有人，他们被统称为利益相关者。

成为敏捷团队，不仅要改变团队文化，也要利益相关者与之适应，但后者的改变较团队更为缓慢。

当团队在一个不敏捷的环境中尝试变敏捷时，以旧文化为代表的利益相关者倾向于对团队施加权力或加派他们认为紧急的任务。

保护团队免受这样的干扰至关重要。有必要让利益相关者了解新文化。但这还不够，因为相较于团队，这些人对敏捷的参与太少了。如果不在团队中体验敏捷，则很可能无法摆脱旧模式并最终导致假敏捷。

异托邦

给予团队信任的最佳方式是创造异托邦（法语为 hétérotopie，从词源上解释为"另一空间"），即拥有（符合敏捷性的）自身规则和风格的另一个生活空间。这样，团队将能更好地发展。

米歇尔·福柯（Michel Foucault）在介绍异托邦的概念时举了飞毯的例子。的确，在波斯，地毯最早的寓意是花园——"另一空间"的典型代表。飞毯象征着穿越空间的移动花园。

因此，我们将与团队一起乘飞毯（TAPIS）[1]遨游。

T为合适的规模 (Taille)

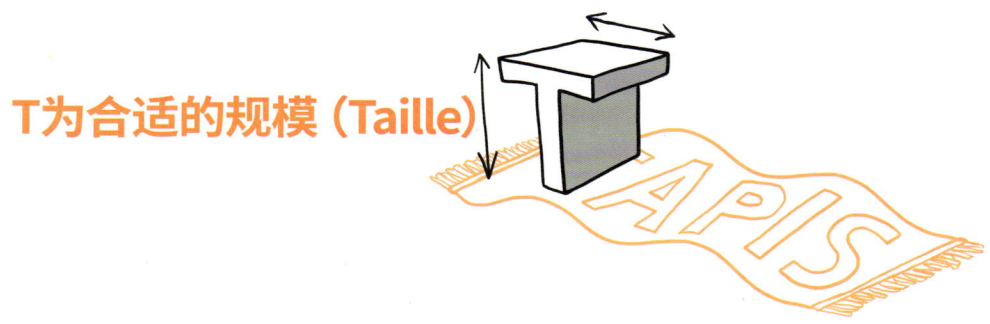

讨论一个团队的理想规模并不是什么新鲜事。亚历克西斯·蒙维尔在他的《从内部改变团队》（*Changing Your Team from the Inside*）一书中列举了本杰明·富兰克林的例子，他认为要保证沟通顺畅，团队的最大人数为 12。使用敏捷方法时，沟通很重要，应大力倡导所有成员之间的互动。如果有 12 个人，则能建立 66 条沟通链。

团队规模	3	4	5	6	7	8	9	10	11	12
互动数量	3	6	10	15	21	28	36	45	55	66

---

1 译者注：飞毯在法语中为 tapis，本书作者形容敏捷团队五要素的首字母连起来也是 **TAPIS**。

这可不是小数目,甚至可以说数量太多了。

根据心理学研究和敏捷团队的实验结果,团队的理想规模似乎在 5~7 人。

超过这一数目则意味着要做大量的协调工作。其复杂性违背了我们对轻松简单的期望。在亚马逊内部,杰夫·贝索斯(Jeff Bezos)推崇著名的"两个比萨团队(Two-Pizza Teams)"原则[1],这是一种通过食物数量来限制团队规模的方法。

> **如果团队规模已经达到上限,而要完成工作需要再增加一两个人,那这个规则不就没用了吗?**
>
> 一个规模适当的团队能够胜任许多工作;当然,如果它现在无法完成某项工作,也可以以后再完成,这是增量开发的原则。
>
> 此外,在知识型工作中,为了更快完成任务而增加一个人只会适得其反。这与靠增加劳动力来提高生产率的工农业不同(尽管在当今社会,这种举措的影响有限)。

---

[1] 译者注:"两个比萨团队"原则最早是由亚马逊 CEO 贝索斯提出的,他认为如果两个比萨不足以喂饱一个项目团队,那么这个团队可能就显得太大了。

> **限制团队规模意味着敏捷不适用于大型项目。**
>
> 不是的,完全可以由几个团队合作做出一款产品。他们彼此之间虽然保持自治,但拥有一个共同的目标。
>
> 几支敏捷团队一起工作比让不同团队敏捷化要容易得多。

> **团队中只有我们 3 个人,但你说理想的规模是 5~7 人。**
>
> 在团队中只有 3~4 人的情况下,多样性就会减少,交流也可能会更少。但是,这取决于各个团队,5~7 人只是一个建议。另外,Scrum 的创始人指出,团队规模可以在 3~10 人之间变化。

总而言之,限制团队规模的目的是为了保持每个成员的创造力。超过这一规模,成员之间就会缺乏足够的了解,这将阻碍他们的有效合作。

这不是关于团队规模上限和下限的教条。经验证明,在一定的期限内,2 人或 13 人的团队也能运转自如。为了使团队快速实现聚焦,在考虑规模问题之前,先要考虑其他能让团队变敏捷的条件。

合适的团队规模可以使每个人都保持较高的创造力,并进行高质量的交流。

A为自组织
(Auto-organisation)

自《敏捷宣言》发布以来，与敏捷相关的团队自组织的概念在很长一段时间内都是一个谜。如今，这一概念对已经变敏捷的团队来说是一个既定事实，但不确保每个人对这个概念的理解都相同。不得不说，《敏捷宣言》在这个问题上解释得不够清楚。Scrum 的解释则更明确一点：

> 团队自组织指的是它有安排自己工作的权力和权威。

大家对自组织及其衍生词代表什么各有看法。相关同义词还有**自管理**和**公司自治**。

有关自组织的其他问题还包括：

- 涉及什么样的工作？
- 留给团队的权力和权威有多少？

为了避免冗长的解释，我将结合我们的目标——使团队聚焦，来回答这两个问题。

工作

让我们区分一下"做什么"（什么工作？）和"如何做"（如何完成工作？）。

- 对于如何完成工作，践行自组织的概念已成为一种共识。也就是说，团队对如何进行这项工作拥有完全的自主权。没有规定和分配任务的领导，因此由团队负责划分工作并将其完成。
- 至于做什么工作，在理想情况下，让团队成员参与商业价值的定义是一件好事,虽然这不是团队实现聚焦所必需的。团队中只有一人需要承担最大化商业价值的责任,即产品负责人。

权力和权威的局限性

这是一个由谁来做决策的问题。"如何做"是团队要做的决定,"做什么"是产品负责人的决定。

不过,既然是团队,就意味着不止一个人。他们将如何共同决定?

虽然不倡导花几个小时就某个细节达成一致,但团队之间仍需要相互沟通。我们发现,团队中常常会出现天生的领导者,这将有助于做决策。

有些决策涉及如何完成,但在团队的能力范围之外,至少在聚焦阶段是这样,比如人力、物力和财力方面的决策。例如,从自组织变成聚焦团队不需要处理招聘或预算方面的问题。

没有项目经理,团队将处于无政府状态,我们可不是在梦幻天堂!
许多例子表明,生活中无须领导者。迁移的群居昆虫、鱼群和飞鸟就是这种情况。

自组织的魔力在于它能自主地发挥作用。

第二章 敏捷团队的生态系统

> **在做决策之前,我们将浪费大量时间进行讨论!**
>
> 团队对"做什么"的问题很感兴趣,不过为了避免讨论时间过长,产品负责人拥有最终决定权。有关"如何做"的讨论也非常激烈,为了节省时间,Scrum Master 将负责加快决策制定。我们在第五章再谈这一点。
>
> 总之,自组织形式是敏捷团队应有的特性,体现为自组织中的人在集体工作中会改变自己的行为,这种改变来自团队本身而非外部。

P为多学科 (Pluridisciplinaire)

敏捷团队被寄予定期产生商业价值的厚望。为此,它必须具备转变用户需求为现实的能力。这就是所谓的多学科性。

企业筒仓结构[1]的结束

按专业划分团队时,要产出价值就必须要几个团队配合工作。

---

[1] 译者注:企业筒仓结构是指企业内部以部门划分职责,虽然在同一个公司,但不同部门之间就像独立的筒仓,缺少交流、共享信息甚至合作。

我们可以想象，一支团队负责开发，另一支团队负责质量检测和功能测试。当项目中的一个环节开发完成后，要经过质检和测验后才算结束。这样，就会出现等待的情况并造成团队间的相互依赖，这些与敏捷原则相违背。

筒仓结构是工业模式和专业分工的遗留产物。

在多学科团队中，我们能找到价值链所需的所有工作人员。当然，不同领域所需的技能不一样。例如，对于软件产品，团队至少要有用户体验分析师、设计师、开发人员、测试人员、美工、文案、机械师、电子工程师等职位的技能。

不再有超级专家

团队中没有固定的角色：没有架构师、Web 开发人员或测试人员。每个专业人才要做的是技能分享而不是自己成为超级专家。

因此，这是一种通过共享来不断获得新技能的理念。

通过获取不完全的多学科能力而变敏捷

一个不敏捷的、还没建立起多学科性的团队想要变得聚焦，就得持有开放和共享的精神。不过，想在短时间内完全变成多学科团队简直是天方夜谭。刚开始时，一种很常见的情况是团队需要依赖外部人员的技能。也就是说，团队需要依靠外部专家来运转价值链。为了降低风险，团队将通过指定特定的利益相关者兼外部专家来尽早确定依赖关系。

不是每个人都要掌握所有技能！

并非团队中的每个成员都要掌握全部技能，只要团队是多学科的就行了。重要的是，每个人能根据自己的意愿和优势找到自己在团队中的位置。成员可以自愿选择，而非出于义务接受增加团队新技能的邀请。

如果把具备所需技能的人全都纳入一个团队，则团队成员会超过建议的规模！

一些必备技能可以被一个团队成员同时掌握，而另一些技能团队也并非总是需要。拥有这些技能的人可以在多个团队之间游走。因此，这些人不算作团队成员，但可以按情况以专家的身份参与进来。

I 为认同感（Identité）

团队有一个共同的目标。这个目标与结果有关，即团队产出的产品。

但如果是一个刚刚组建且没有参与过产品定义的团队，这一目标则很有可能不会成为他们前进的强大动力。

为了使团队聚焦，需要借助额外的驱动力。这种驱动力指的是让团队有一起工作的愿望和乐趣，这样的归属感可以最终形成认同感。

正是这种认同感使不同的人组成的团队融为一体。

共同价值观

团队认同感建立在共同的基本价值观之上。

这其中包括了《敏捷宣言》的价值观。Scrum 具有五个价值观：聚焦、开放、尊重、勇气和承诺。极限编程还有其他价值观。

团队可以借鉴这些价值观，但最好还是树立属于自己的价值观。

要怎么做呢？团队成立后不久（前奏期）的讨论会是制定共同价值观的最佳时刻，这些价值观将一目了然地张贴在工作区的最前面。

随后，集体取得的成绩会加强认同感，而后者会建立起团队道德或宗旨。

可见的符号

尤尔亨·阿佩罗（Jurgen Appelo）在他关于管理3.0实践的书[1]中谈到了认

---

[1] 译者注：尤尔亨·阿佩罗的著作《管理3.0：培养和提升敏捷领导力》（*Management 3.0: Leading Agile Developers, Developing Agile Leaders*）以科学为基础，结合复杂性系统理论，通过轻松诙谐的写作风格和诸多解释与隐喻，将敏捷管理的要义娓娓道来。

同感：

认同感对于定义终极目标和创造价值至关重要。当人们倾向于将自己与符号联系起来时，团队（……）就有了一种身份。工作小组会创建属于他们自己的、共同的身份符号，而管理层可以在这个过程中发挥它的积极作用。

建议为团队提供一个专属工作空间（"另一空间"），以便构建有利于形成身份认同的符号。能最明显地体现团队共同身份的符号就是T恤。

价值观容易被误解，而且很快会被别的团队采用！

为了让成员正确地理解价值观，团队需要花一些时间来建立自己的团队身份并定期复查。

如果被其他团队采用，那就更好了！

成为敏捷团队
L'art de devenir une équipe agile

> 每个人都有自己的想法，但这不妨碍他们作为一个团队进行工作，为什么要自找麻烦搞认同感这种类似于积极心理学的东西呢？
>
> 这不是要统一大家的价值观，相反，团队的多样性能带来丰富性。
>
> 团队成员会花大量时间在一起，因此最好让他们感觉到自己与团队的联系。与个人发展的方法不同，敏捷强调集体。
>
> 总之，认同感是团队成员为共同目标一起努力所必需的一种归属感。

S为稳定性 (Stabilité)

要成为敏捷团队，维护团队成员之间的关系非常重要。关系是在日常活动中建立起来的，而这种日常活动对稳定性有很高的要求。但某些公司认为团队的长期稳定性不重要。

对人力资源管理说"不"

某些公司认为团队的长期稳定性并不重要。

想象一下，经理想用一个人替换掉团队中的另一名员工。他认为，通过员工交换可以进行资源互换。

哎，大错特错！

第二章 敏捷团队的生态系统

如果换掉一个人，就要重建所有的沟通链，包括与团队成员以及外部利益相关者的沟通链。这样做耗时耗力，还不如别换。

布鲁克斯法则

在旧的模式中，一个项目"延期"了会发生什么？这位经理找来一个新的"人力"来赶进度。他可能忽略了一点：

> 在一个已经延期的项目中增加新人只会让项目进展更加缓慢。

这句话被称为布鲁克斯法则，写于1975年！令人惊讶的是，还有经理不知道这个法则，不知道这点并不重要，但麻烦的是他们坚信相反的观点，即团队临时加人能让延期的项目赶上进度。

显然，布鲁克斯法则适用于一个sprint周期，在此期间，甚至在此之后，团队成员都不变。

团队稳定可以更快地实现聚焦

当然，这不意味着团队的组成不可改变。调整组织架构需要挑选时机，而不是把团队搅乱。

为了让团队聚焦，通常需要2~6个月的时间。在组建团队时，应要求成员承诺在此期间一直在岗。

稳定性的另一个优点是，与团队有关的措施只对团队本身有意义。如果团队变更，建立在这些措施之上的指标就没那么恰当了，甚至毫无用处。

> **在服务型公司中，团队换人的现象司空见惯！**
>
> 你必须改变自己的习惯……或从 Menlo 公司汲取经验，此公司可能是唯一一个不适用布鲁克斯法则的公司。公司的 CEO 理查德·谢里登（Richard Sheridan）在其《最有效的干法》（*Joy, Inc.*）一书中给出了令人信服的原因：这是通过系统性的结对工作来实现的。

> **敏捷乐于迎接变化，不过，人数变化不包括在内！**
>
> 如果一切同时发生变化，人们不会处在一个舒适的心理状态，团队也不再处于能让他们聚焦的信任氛围中。

总而言之，只有在员工队伍保持一定稳定的情况下，团队的敏捷性才能在信任的氛围中蓬勃发展。

产品负责人

一个聚焦的团队能够在sprint结束时产出价值。此价值由用户根据产出的结果进行评判。因此，团队需要知道什么能让用户着迷，或者谦虚一点说，什么能够给他们的生活带来便利。

设置优先级的责任属于团队中某个特定的用户代表，我们将其称为产品负责人。

该名称来自Scrum领域，即使在法国也很常用。但这种称谓引起了些许争议，有的团队会使用另一个称谓：亚历克西斯·蒙维尔在他的书中写道，"用户律师"是一些团队使用的称呼。

用户律师形象地说明了产品负责人的一部分使命，但在我看来，这里有两处错误：

- 产品负责人不仅在团队中代表用户，还代表所有的利益相关者；
- 产品负责人有做决定的权力，因此他既是律师，也是法官。

产品负责人的权力

产品负责人主要负责根据任务价值来安排行事顺序，团队将依此行动，进而产出结果。

由于事先不清楚每件事的具体价值是什么，因此由他来为整个团队做决定，尽管存在很多不确定因素。

聚焦阶段的职责

让我们再来谈谈自组织和"做什么"以及"如何做"之间的区别。一个致力于变聚焦的团队将首先专注于"如何做"的问题，这需要团队付出大量的精力。这就是为什么在此期间，要由产品负责人来决定做什么。

这并不意味着团队成员不参与相关决策的制定。一个好的产品负责人要向团队和利益相关者寻求建议，但最终决定权在他一个人手上，一方面是为了提高效率，另一方面是团队要学会尊重他的决定。

产品负责人在团队中拥有更高的号召力，他的存在也意味着该团队不只是一个开发和执行团队。

使命

产品负责人的主要任务是：**用最小的投入获取最大的回报**。

换句话说，他的决定旨在使团队为利益相关者带来最大价值，而不是使其生产更多。

> **我们有产品经理,不需要产品负责人了。**
> 在聚焦阶段,如果此人确实与团队同在、随时响应,并且能做好我们期待他做的事,为什么不要呢?称谓并不重要,职责才是关键。
> 不过,一开始就选择一位受过培训的产品负责人肯定更加稳妥。

总而言之,在利益相关者眼里,产品负责人是团队中对效益负责的人。

Scrum Master

要变得聚焦,团队就要实现较深层次的自组织管理:一旦产品负责人确定了工作的优先级,团队就要决定如何进行自我组织以实现目标。多亏团队中有这样一个特殊的角色,这种新的合作方式才得以建立和发展。

促进者或**团队催化者**可以用来描述这个角色,但更常见的叫法是 Scrum Master。

Scrum Master 的信条是为团队服务,让团队在成长的过程中充分发挥集体智慧,并达到产品负责人的要求。

Scrum Master的使命

Scrum Master 的使命——促进团队实现自组织——是在一个明确定义的框架内实现的:

- 受到公司施加的约束,例如在工具选择或请假程序上的约束;
- 遵循敏捷方法的原理、实践和规则。

所以说,Scrum Master 是团队中最了解敏捷并能向成员传授敏捷知识的人。随着团队敏捷经验的积累,Scrum Master 的培训师角色将逐渐被弱化。

聚焦团队的Scrum Master

Scrum Master的职责会随着时间的推移而变化,具体取决于团队的自组织程度。在开始时,为了帮助团队实现聚焦,他需要注意:

- 从管理者那里得到敏捷过渡期的投资保证;
- 可以提出建议,但不强迫成员接受;与产品负责人不同,Scrum Master不做决定;
- 建立团队认同感;
- 通过与团队成员的积极互动来促进sprint仪式的进行;
- 如有必要,协助产品负责人履行其职责。

在此期间(2~6个月),这个职位最好由专人负责,可以请一位敏捷教练进行协助。

为团队服务的人

一些突发情况总是会拖慢团队的进度。Scrum Master要帮助团队尽快发现这些障碍,并确保能够迅速解决它们。

其中一些障碍是由团队和环境的关系造成的,这就是为什么Scrum Master要建立团队保护罩,以免团队受到利益相关者的干扰。

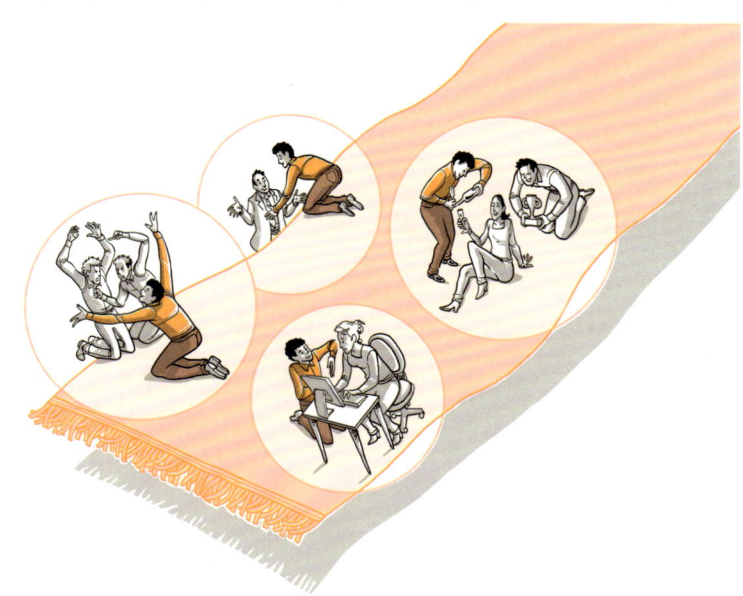

Scrum Master 可以通过以下方式为团队服务：
- 与利益相关者沟通，保护团队免受他们可能带来的干扰；
- 在冲突中扮演调解员的角色；
- 与看起来不太在状态的人谈心；
- 组织庆功会。

> **如果产品负责人做出决定，但 Scrum Master 不同意，那会发生什么？**
>
> 产品负责人的决定关乎产品，而不是如何工作，他们之间的责任分工很明确。不过，Scrum Master 依然可以给出自己的意见并尝试说服他。

利益相关者

聚焦团队产出的结果是有价值的。所有受此价值影响或与结果相关的人都有可能成为利益相关者。

他们可以是用户、客户、赞助商、用户代表、营销或商务人员、经理、架构师、质检员，等等。

利益相关者的参与程度少于团队成员，他们不负责产出结果。不过，他们要参与到实现共同目标的过程中。因此，重要的是团队成员和利益相关者的目标要保持一致。

邀请参与

利益相关者应邀参加一个仪式——评审会议。在此期间，他们要给出反馈。这一活动是为了整合这些新想法以求进一步改进产品。

除这一仪式之外还要鼓励合作，以便团队可以获取利益相关者的支持：
- 有权力的利益相关者能够帮团队解决其能力范围之外的问题；
- 利益相关者兼专家可以协助团队工作。

为了保持安静的团队工作环境而实行分隔是不对的，这会让利益相关者无法参与进来。

利益相关者通过自己在团队内的代表，即产品负责人来影响结果。但是，他们本身没有决定权，而是授权后者来做决定。

请勿打扰

为了使团队聚焦，有必要让所有利益相关者了解团队的工作方式，以避免他们对团队造成干扰。

从团队的角度来看，在与利益相关者的关系上需要警惕几个地方，以便：
- 在团队需要利益相关者推进工作时，降低依赖的风险；
- 减少因利益相关者安排紧急任务而引起的工作中断；
- 通过与利益相关者联系，了解用户对产品的看法以及其他利益相关者对产品功能或技术方面的想法。

> **有部分利益相关者不想参与其中。**
> 如果某个被邀请的人不想参加,那是因为他对团队工作不感兴趣。那么,他就不是相关者,对团队也没有任何权力。
> 通常,知道敏捷以及受过敏捷训练的人都愿意积极参与。如果一个人不想参加,我们就找其他想参加的人。

重建信任

聚焦的好处

通过团队聚焦获得的好处——获得更多的商业价值,能重新导向最具价值的工作,这说明团队重建了信任。

在许多公司,信任早已不复存在。例如,IT行业与其他行业之间存在巨大的鸿沟。我们彼此不了解,彼此不信任。

几个月的敏捷期后,第一个观察结论通常是:我们再一次学会了合作,并重拾了信任。

夏尔·佩潘(Charles Pépin)在其《自信的力量》(*La confiance en soi*)一书中描述了三种信任形式,让我们将其应用于将要变敏捷的团队。

对别人的信任

- 从团队的角度看:当团队的一个成员在另一个同组成员的帮助下解决了他的问题时,他自然会倾向于信任对方。
- 从利益相关者看团队的角度:在每次sprint结束,团队向利益相关者展示成果时，利益相关者会对他们产生信任，并期待他们在之后的sprint中继续带来价值。
- 当利益相关者看到产品负责人能将团队往最大价值方向引导时，他们开始信任这个团队代表。

团队对自己能力的信心[1]

为了在几个月内实现聚焦，团队不断学习和重复敏捷实践。习惯的力量让成员熟练掌握了敏捷实践，并将其转换为一种日常活动。这增强了每个人对自己团队的信心。

对生活的信心

当看到结果对用户产生的具体影响时，团队将对生活充满信心。获得这一结果是因为团队遵循了聚焦的价值导向。

这表明团队已经实现了升华，也就是说，团队已经被其内部萌发的一种集体力量所引导。

如果团队遵循的是强加给他们的流程，其产出的结果就不会有商业价值，上述的一切也将不可能实现。

建立信任

为了获得以上这些好处，从一开始就必须营造一个充满信任的环境。

我们只有自己先感受到信任，才能去信赖别人。为了使团队升华，必须先让团队安心。

首先，只有管理层做了投资才能满足敏捷的前提条件。这里的投资不仅仅是资金方面的投资，更是时间上的投资，管理者要花时间去改变自己的行为。

---

[1] 译者注：法语中"confiance"有"信任"和"信心"两个含义，故此处翻译的"信任"和"信心"在原文中实为同一个词，下同。

当我们和多年来习惯于等级制度的经理讲信任时,我们会听到一句玩笑话:

是的,当然可以信任……但是信任和控制并不矛盾。

说这句话的经理大概不知道这是列宁说的。为了使团队可以聚焦,这种控制文化正是我们要求管理者摒弃的。

要做出首要投资的便是这些人,他们必须改变心态,这对团队信任的建立至关重要。

PermaBio团队及其生态系统

我们暂且把皮埃尔、他对PermaBio新业务的理念以及他与敏捷团队一起开发这项业务的意愿都放到一边。

现在，我们来认识一下这个团队的成员及其利益相关者。

TAPIS团队

- **规模：** 团队由6个人组成，这是一个合适的规模。
- **自组织：** 当然，团队尚未完全自组织化。但是，皮埃尔承诺不会阻碍团队运作，并让其自行决定如何完成工作。
- **多学科性：** 团队成员具备产出结果所需的各学科的必备技能。不是每个人都对生产领域（即耕作）足够熟悉，但是该领域的专家玛丽可以解答相关问题。
- **认同感：** 所有团队成员都认同朴门永续设计的价值理念，即他们在保护地球、照顾人类和分享丰收作物这几点上已达成共识。
- **稳定性：** 组成团队的6个人已承诺至少做满6个月。

职责

萨拉在她以前的工作中使用过Scrum并对其有所了解，因此，她自然而然地成了团队的Scrum Master。

产品负责人这一职位则要微妙得多。自PermaBio创立以来，皮埃尔一直负责产品方面的工作。但是，他无法像人们期待的产品负责人那样投入充足的工作时间，即必须长期在场以便与所有团队成员合作。因此，皮埃尔必须委任一个代表，并同意该代表在未经其许可的情况下独立做决定。

作为自组织建立的第一步，团队通过无候选人投票选择了产品负责人。卢卡斯获得最多选票并承担这一职责。

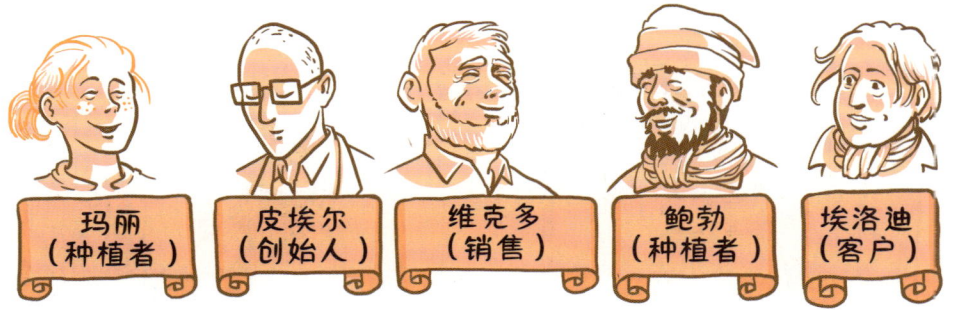

利益相关者皮埃尔、玛丽和维克多早就对敏捷有所了解。

维克多和蕾雅很早就认识了，因此他总是让蕾雅帮他处理紧急任务，但团队已经明确向他解释现在不能这样做了。像其他所有人一样，维克多也将经历反馈循环。

埃洛迪和鲍勃不属于PermaBio的员工。鲍勃是朴门永续设计的种植者，他种植的有机蔬菜在PermaBio出售。内森提议让埃洛迪成为利益相关者。埃洛迪喜欢做饭，经常在家烹饪美味的菜肴。

工作空间

团队拥有一个自己的空间，可以随意调整办公室的布局。这里需要一面墙，专门用来张贴与工作进度有关的重要内容，墙前面还要留出空地以便团队成员可以站在这里讨论。

办公室旁边要有一个供员工休息的区域，也可用作与利益相关者交谈的讨论区。

团队决定使用可视化管理工具，为使墙上的白板更美观，他们准备了一些必要的材料。

第三章

反馈循环

工作流

当团队可以定期产出结果，并向利益相关者寻求反馈时，该团队已经变得敏捷。

这个"定期"指的是每次sprint。**Sprint**是敏捷方法的核心，决定了整个流程的节奏。

为了产出**sprint结果**，团队使用了待办事项清单中的项目流，称为**待办列表**。

团队从待办列表中汲取信息，而利益相关者的反馈又充实了待办列表。

这个反馈循环构成了敏捷的本质。在下一章中，我们将看到反馈循环如何变化和调节。我们先来看看"用什么"（待办列表、结果）和"何时"（sprint）。

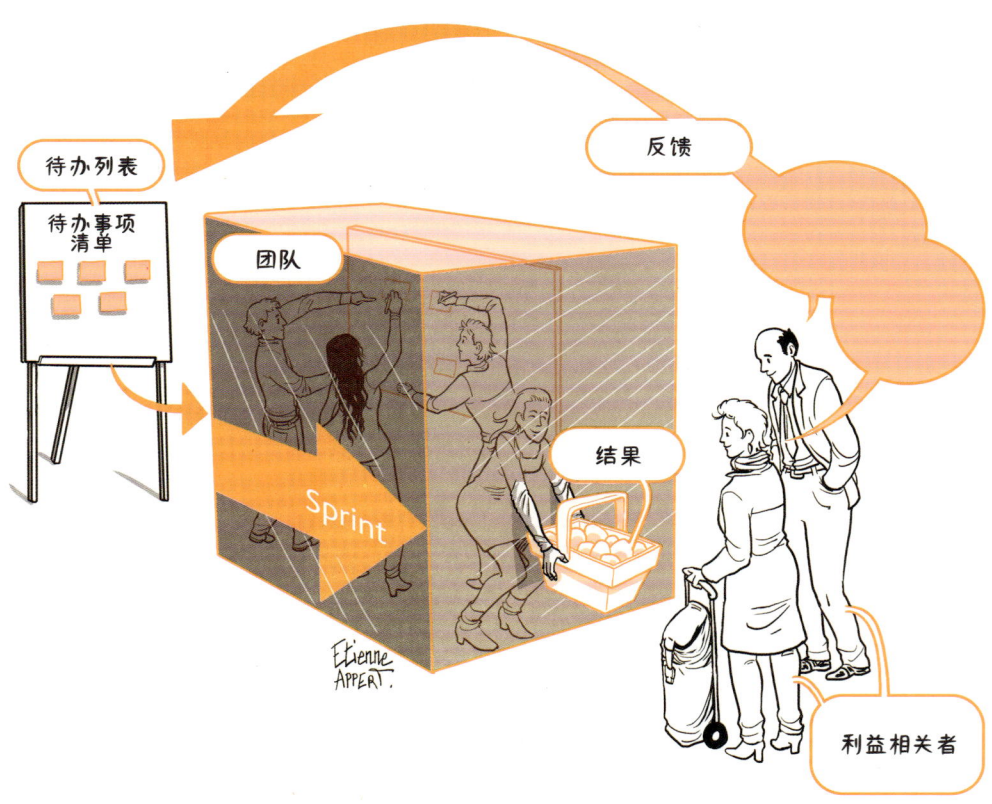

待办列表对团队的帮助

待办列表指的是在一个sprint周期内的待办事项清单。啊,就这些?不仅如此,还有呢。除了进行中的任务之外,待办列表还包含之后sprint里的事项。它的优势在于你可以在正确的时间选择正确的事项。

那些习惯于编写**规格要求**或**详细说明**的人,如果发现自己经过数月的打磨才做完的精美文档被一个简单的清单所取代,肯定会想跳河。

待办清单爱好者很欣喜,匆忙地下结论认为自己能很容易地适应待办列表。

待办列表很容易理解,但若想妥善使用却有点难度。在阐明待办列表既不是待办清单,也不是要求或说明之后,让我们看看它的六大特征,它们的首字母组成了缩略词PROUVÉ。

P为公开(Public)

待办列表是公开的。为了实现透明化并鼓励大家提出反馈,待办列表对所有团队成员和利益相关者开放。

啊,我以为待办列表只需要由产品负责人负责!

待办列表是产品负责人与团队,以及团队与利益相关者之间的沟通工具。重要的是让所有人都能够使用它。每个人都能往待办列表中添加事项。产品负责人的职责是根据价值高低来决定其相关度和优先级。

R为减少(Réduit)

要限制待办列表事项的数量,以便使用起来简单明了,同时还可以简化产品负责人的管理工作。

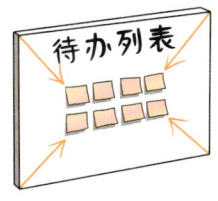

> 如果要给产品设计的功能非常多，要怎么限制其事项数量呢？
>
> 窍门是不要把次要的工作写得很具体，这不是一个详细的要求列表。之后的任务规模更大，但数量更少。

O 为有序（Ordonné）

待办列表是有序的事项列表，不存在并列的事项。产品负责人根据事项的价值对其进行排序，综合考量它们的开发成本及它们之间的依存关系。在sprint周期内，按待办列表的顺序来做项目。

> 我们已经将优先级分为高、中、低三级了，为什么还要细化排序？
>
> 你应该已经注意到，用户将自己90%的请求都置于较高优先级，这会不利于工作开展。优先顺序的概念要考虑价值和成本。优先级排序的最简单方法是，根据相关评估对各项目进行比较。

U为唯一（Unique）

待办列表是团队唯一的信息来源。它的唯一性体现在可以避免多任务来达到集中团队力量的目的。

第三章 反馈循环

> 待办列表包含将要开发的新功能就够了，因为我们还有管理漏洞和小规模改进要求的进度工具，这些工具也为团队提供了信息！
>
> 待办列表是唯一的信息来源。漏洞也被考虑在内。这迫使产品负责人决定什么是最有价值的：添加某项新功能或修复某个漏洞？由他决定。

V 为灵活（Vivant）

待办列表之所以灵活，是因为产品总是在不断变化：将大项目分解为小项目，不断提出新的要求，删除没有价值的部分，调整优先级……

> 似乎很难拒绝用户提出的请求，以防万一，为什么不先保留着呢？
>
> 不行。那会造成工作积压。敏捷的首要好处就是避免不必要的事情。产品负责人可以删除在他看来毫无价值的内容。如果他弄错了也没关系，用户一定还会重新提出来。

É 为呈现（Émergent）

好的产品或服务无法事先知晓，但待办列表可以呈现根据用户反馈建立的新事项，从而确定产品或服务的内容。

> 我早就想到了,使用敏捷方法的话工作就永远做不完,用户会一直提出新要求,没完没了!

不再改进的产品可能也意味着不再使用了。所以说,待办列表的生命周期等于产品的生命周期。实际上,不清空待办列表也不影响产品投入使用,况且目标一直都是尽快投入使用。

再者,在预先编写的详细要求中,以传统方法开发的一半以上的内容,最终都没有使用。

尽管说了这么多,我们还是没说明白待办列表到底包含什么。

待办列表包括故事

故事(story)指的是在 sprint 周期内开发并可以带来价值的一个小功能。

我们要讲故事,而不是写故事。故事在待办列表中仅以一个标题的形式呈现,以提示这是团队与用户之间的一个对话主题,产品负责人可以代表用户。

从用户的角度出发来谈用处，可以帮助我们决定要做的事情。这个概念最初被称为**用户故事**（user story），这很好地体现了用户导向。

故事的定义表明，它可以用来理解我们将要做的事情（产出的内容），并用来跟踪进度（完成的故事现况如何？）。

为了变敏捷，团队必须学会在一个 sprint 周期内完成他们开始的故事。事实上，如果 sprint 结束时故事还是半成品，那就是非聚焦的表现。

为了完成故事，在团队同意将故事加入 sprint 之前，需要注意几点事项。

为了确保这几点能够落实，要进行一些前期的工作，即所谓的**完善**（法语为 affinage）。在实现故事的前一个 sprint 周期里，团队与产品负责人一起完成这项工作，目的是获得足够精简的且被团队充分理解的故事，也就是说，为开始 sprint 做好准备。

在进行 sprint 前，故事会经历三个阶段：

- 首先是一个可以改善产品的想法；
- 如果产品负责人要参与进来，需要对故事进行完善，以便大家一起讨论、分解和细化该故事；
- 当团队已经掌握了所有情况并决定好故事时，即认为故事准备就绪。

待办列表被分为三部分：

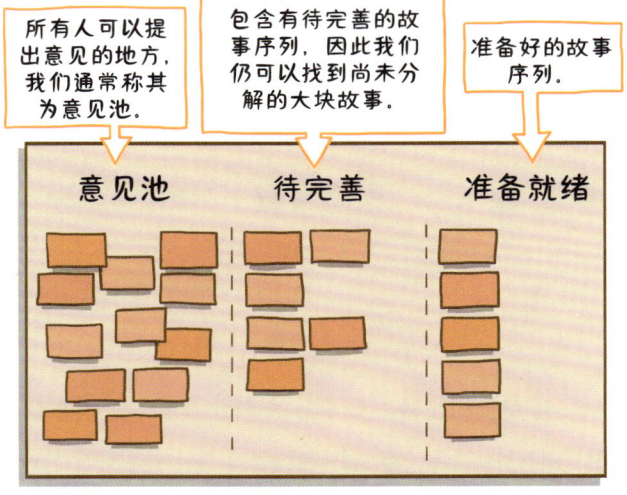

PermaBio的待办列表

皮埃尔与所有人分享了他对PermaBio的新愿景,即成为食材配送到家服务领域的标杆企业。该团队将负责开发新的订购服务。

大块故事待办列表

团队和利益相关者对有关功能提出了想法:

- 提供当日菜肴,如汤、前菜、素菜和甜点;
- 回收蔬果的外皮垃圾用于堆肥;
- 为特定的饮食偏好专门设计食谱;
- 与mesrecettes.com等食谱分享网站合作,在食谱原料表下方添加"由PermaBio配送"的选项。

关于当日菜肴,在玛丽对未来的收成作出预测之后,首推当日例汤。在这个季节,她可以提供制作美味的冬季菜汤的蔬菜。

第一个待办列表在大家达成一致后建成了:

完善大块故事

接下来,团队一起完善初始待办列表。故事太大了,还未准备就绪。第一项活动是分解出最重要的部分——汤。卢卡斯说:

卢卡斯的故事激起了一些询问和反响。最终，汤的大块故事被分成了四个小故事：添加汤品，选择当日例汤，订购当日例汤品和评价汤品。我们用这四个故事代替了写着"汤"的便利贴。

然后团队会进一步讨论这些故事，以做好万全的准备。

卢卡斯发起的讨论结束后，他同意付款和定位功能仍然需要完善。我们为这两个故事添加了便利贴，以便之后进行完善。

堆肥、与食谱分享网站的合作和饮食偏好仍然停留在构思阶段，因而留在意见池内。

对准备就绪的故事进行讨论，以求达成一致意见

还是在完善的阶段，产品负责人卢卡斯和团队进行了有关优先故事的讨论，以便为第一次 sprint 做好准备。

我们从**添加汤品**的故事开始。

接下来，对于**选择当日例汤**的故事，以下是对话提到的大概内容：

玛丽选择了一份已经创建好的汤。她将这份汤设置为当日例汤，标注好可买的份数和单价，并检查当日例汤模块对客户来说是否一目了然。

而**订购当日例汤**的故事如下：

一位客户在查询PermaBio的菜单，他对当日例汤感兴趣。他下好单并注明份数和送货地址。

如果他住的地方在10公里之外，则会被告知无法送达。如果他下单的份数超过剩余份数，也同样会收到提醒。

如果他确认下单，剩余份数随之减少，菜品将在一小时之内送达（送达后第一时间扣款）。种植者玛丽会收到打印好的食材单和配送单。

Sprint，是TOP！

Sprint（冲刺）立即让人想到短时间内的爆发式输出。

想想田径运动或自行车运动。环法自行车赛车手在最后阶段为了胜利冲刺；最好的短跑运动员接力后，在抵达终点之前以最快的速度冲刺。自行车赛道长约200公里，预备冲刺5公里，冲刺过程约200米。之后，每个人停下休息，恢复体力。

涉及敏捷，我们只需记住短周期的概念。无须为了加速而付出超越极限的努力，也不存在冲刺以外的时间，因为我们一直处于冲刺中！我们在冲刺后不会停下休息，而是继续进行下一个冲刺。

在这种情况下，sprint使用的是引申义，即我们要忘记它与速度有关的原义。高质量产品的开发更类似于马拉松比赛，甚至更类似于长距离骑行，这是一种前进的方法，人们试图以相同的速度前进很长一段时间，互相帮助，没有竞争。

敏捷中的sprint与骑行者的冲刺的确不具有可比性，那么我们应该如何形容它呢？

我们将依据一些典型的特征解释这个名词，这些特征的首字母连起来构成了缩略词 TOP。

T 为时间盒（Boîte de Temps）

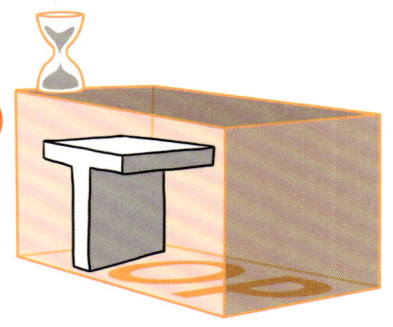

谁没有经历过漫长又无聊的会议呢？谁从没要求过延长期限来完成**快要**完成的工作？

运用时间盒的概念可以在避免拖延的同时保质保量地完成工作。

提前确定 sprint 截止日期，不管团队遇到什么困难都不能改变。

Sprint 周期

Sprint 可以持续一、二、三或四个星期。如何确定合适的周期？

由团队来决定周期的长短。为此，可以考虑：

- 持续工作时的产出能力；
- 利益相关者能够提供反馈的速度。

但是，最重要的是团队自己的意愿。

经实际考察发现，有一半的团队的 sprint 周期为两周，而三分之一的团队的 sprint 周期为三周。

Sprint 周期以周为单位，不一定从星期一开始，甚至最好从周中开始（以避免 sprint 在周末结束）。

在第一次 sprint 之前就要决定 sprint 的周期和开始日期。

至少在一段时间内，sprint 周期不会变化（可以根据后续经历进行调整）。如果

sprint 要进行两周，则要考虑到接下来的六次 sprint 也要持续两周。

如果工作没完成，sprint 就无法停止！

Sprint 还是会结束的，当它结束时会进行一次检查，目的是审视当前情况并为下一次 sprint 做必要调整。

凭借敏捷方法，时间盒可以应用于所有工作，对 sprint 和会议都适用。这意味着工作**不会间断**：时间盒期间干扰会被排除，以加强团队的聚焦。

我们的销售总监不断提出紧急请求，使用敏捷方法之后还是这样！

尝试使他理解 sprint 概念；如果这还不够，那么就该请 Scrum Master 来保护团队了。实际上，正如我们即将看到的，许多紧急任务并非真的紧急。

这个连续的短周期sprint概念具有以下优点：

- 提前知道sprint结束日期，方便邀请利益相关者参与；
- 养成固定周期的习惯可以使sprint计划的执行更加有效；
- 更容易拒绝假紧急任务；
- 可以基于连续sprint的工作表现进行中期预测。

最重要的是，这种规律的节奏可以有效地将sprint**仪式化**，我们将在下一章中进行深入探讨。

O为目标（Objectif）

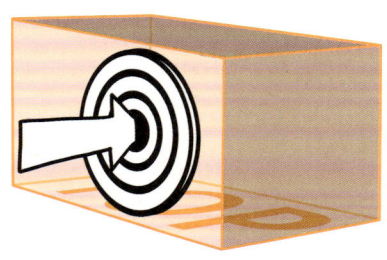

在sprint周期内，团队会专注于自己在sprint开始时设定的目标。

Sprint目标就是对预期结果的兑现。这一目标服务于团队及其利益相关者，且会传达给后者。

Sprint目标首先由产品负责人提出。他的职责之一是考虑自己所代表的利益相关者的利益。在每次sprint开始时，他都要与团队讨论以确定共同目标。

兑现sprint目标

团队会根据sprint结束时的预期收益来制定目标。该目标既是团队成员团结一致、共同奋斗的动力，也是判断sprint是否成功的标准。

团队承诺确保其行动的有效性。不过，这项承诺必须自觉、自愿地被遵守。为此，制定的sprint目标：

- 要考虑初始条件，这意味着在sprint期间，当情况改变时，目标也会随之变化。违背初始目标的例子：经理在sprint阶段调离了一名员工。
- 被所有成员明确知晓。这就是为什么要清楚地公示并向利益相关者传达。
- 在sprint结束时要同产出的结果进行对比验证，以判断是否达到目标。

聚焦以避免多任务

由于团队专注于sprint目标，其成员就不太可能需要处理多个任务，这是在公司和其他地方工作的主要弊端。

我们谈论的多任务是指，一个人停止正在做的事情转而去完成另一项看似更加紧急的任务。

由于工作情景的转换，这种处理方式自然会造成时间的浪费。的确，只有完全投入到新的工作情景中才会变得有效率，这一适应过程只会耽误时间。对于那些经历过这一转换的人来说，这是他们感到有压力的原因。

在我们公司，每个人同时服务多个客户，我不明白如何能只专注于一个目标而又不惹恼其他客户。

很可能你的客户无论如何都会不高兴。你可以向他们说明你已经开始了项目，好让他们放心，但是对他们而言，重要的是完成这一项目。

敏捷方法试图避免或减少多任务的情况。Sprint和它的目标发挥了作用。目标是集体而非个人的，这会使整个团队全身心投入并互相帮助。

就一个目标达成一致是一个艰难的学习过程，但这很重要，因为这是团结团队的基础。不这样做的话，尤其是对于新人团队，每个人就会只专注于"他们自己的"工作，而忘记了集体。开始时尽力而为，逐渐减少目标的数量，经过几次sprint后终能学会逐步专注于目标。

目标这个词太模糊了，我希望团队能确定好一个范围！

我们要求的是共同努力，而不是一个无法让团队聚焦的列满待办事项的清单。

这就是为什么最好将力量集中在一个共同确定的概念——sprint目标之上。在 sprint 期间，只有在决定团队努力方向的初始条件发生变化时，目标才能被更改。

P为计划（Plan）

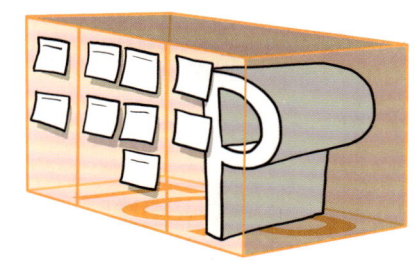

目标是sprint存在的原因，而sprint计划是将目标转化为现实。

首先，目标可以指导计划，而制定好的计划也可以反过来调整团队的最终目标。

目标需要传达给利益相关者，而计划仅用于团队。不得不说，这对团队是真的很有帮助。实际上，sprint计划是日常敏捷实践的核心。它为每日站会提供了支持，并能追踪完成sprint目标的进度。

Sprint计划不仅能显示**待完成**的工作、**进行中**的工作和**已完成**的工作，还可以规定谁在何时做什么。所以，它是构建团队自组织的工具。

该计划不是在sprint开始时就确定的，它会根据工作的进展和遇到的困难而调整。通过限制进行中的工作数量，它可以减少上文提到的会带来负面影响的多任务。

可视化管理工具

如果你认为sprint计划可以套用甘特图一类的经典项目管理工具，那你一定会失望的。这种类型的图表通常由一人绘制，一旦完成就意味着过时了，对sprint团体的工作没有用。

为了充分发挥计划的作用，要让每个人都可以看到，易于访问且简单易懂。这就是为什么我们强烈建议使用可视化管理工具，特别是对于初创团队。

因此，sprint计划将用表格柱形图的形式呈现，包括待完成列、正在完成列和已完成列，并添加工作任务行。这被称为sprint表或Scrum板，更常见的说法是团队看板。

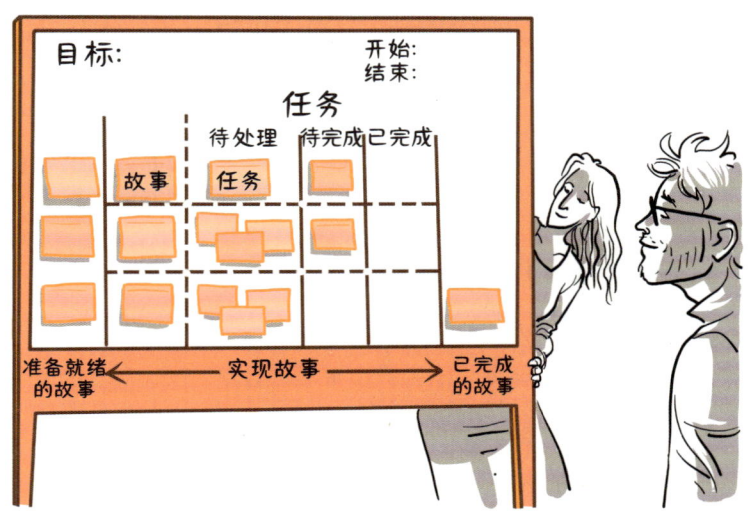

最有效的可视化管理工具是使用带有便利贴的白板,这是让所有团队成员完全分享和充分理解计划的最佳方法。

> **如果团队成员不在一个办公室怎么办?我们有远在摩洛哥的同事。**
> 我们当然可以使用计算机工具来共享白板,但是最好提前对团队进行可视化管理方面的培训,并让团队根据自己的情况来选择合适的工具,以减少不良影响。

结果,是FUN!

团队产出的结果可以用于评估所产生的价值,对于这一价值的衡量将显示团队是否已达到聚焦阶段。

我们已经知道价值具有两种形式：
- 商业价值；
- 学习价值。

商业价值只有在最终用户能够使用产品的情况下才产生。产品的发布由产品负责人决定。团队在开发软件产品时，可能会非常频繁地发布新版本，在一个sprint周期内可能会发布几次。但最常见的情况是几次sprint后才发布产品。

> **因此，发布产品或服务与 sprint 是否结束没有关系。**

真正符合敏捷精神的价值导向能让利益相关者满意，让管理层放心。

但是，如何评估这一价值并宣布我们已经达到了聚焦团队的相应水平呢？价值是难以评估的。如果非要评估，我们也许可以尝试将利益相关者的满意度或反馈量作为评估标准。

用是否实现sprint目标这一标准来评估则更加简单（只要该目标的价值导向正确）。因为目标是能够进行二元评估的，即达到或未达到。

是否达到了sprint目标？产品负责人在把结果交给利益相关者之前应该事先确认这一点再向他们宣布。如不确定，产品负责人可以请他们来作判断。

产品负责人怎么能知道是否达到了sprint目标呢？达到目标的结果应符合三个特征，其首字母大写连起来就是FUN！

F为已完成（Fini）

Sprint结果由经过评估的一系列故事组成。向利益相关者展示的结果将仅包括真正完成的故事。

要判断一个故事是否完成，要考虑的一点是其质量。实际上，如果忽略这一点，之后的工作很可能会更加困难。这就是为了快速完成工作而出现的设计错误或其功能不太符合工程学的情况。

像目标一样，在sprint开始时，由集体来定义故事的质量，并用一张检查清单来检验其完成度。请注意，在敏捷团队中，保证质量是每个成员的责任，不能推给外部人员来负责。

做好完善工作的前提是做好沟通，因为每个人都有自己的见解。正如皮埃尔·达克（Pierre Dac）[1]所说："只要开始的事情从未完全结束，那么结束的事情就不会真正完成。"

U为实用（Utilisable）

团队能从sprint结果中学到不少东西：学习具有潜在商业价值的产品的相关知识，并学会将这些知识最终转变为产品。

在向利益相关者，最好是未来用户，展示结果的过程中，团队成员得以学习与产品或服务有关的知识。

通过演示的方式向利益相关者展示结果以获得反馈是sprint的一个仪式，即评审会议。

N为必要（Nécessaire）

如果团队在sprint结束时还没有可演示的结果怎么办？

结果包含故事，除非极不顺利，否则我们应该总是能够完成一些故事的。根据

---

1 译者注：法国喜剧艺术家。

观察，为期两周的sprint平均可以完成十个故事。

在每次sprint结束时，获得结果是实现聚焦的必要条件。

Sprint目标没有实现也没关系。失败也有它的好处，尤其是在团队刚刚起步时，可以让我们从中总结经验。

Scrum创始人肯·施瓦伯说，Scrum唯一的承诺是在30天（即sprint的最大持续时间）内发现问题。

一个团队需要经历几次sprint才能变得聚焦。前面失败也没关系，重要的是最后能成功。

但是需要多少次sprint呢？

一季聚焦

就像敏捷一样，电视连续剧变得非常流行。电视剧创作者小范围地测试过他们的想法后，制作了第一季的前几集。如果该季受欢迎就会有续集，只要观众一直喜欢，就会继续拍下去。

Sprint和电视剧的类比让人印象深刻，这就是为什么我们要使用"季"这个词来指代一系列sprint的原因。

季的周期

时间盒原理适用于季：每一季的周期都相同。

我们在季度周期中发现了季的节奏。让我们来算一下，一个季度持续约十三周。

- 周期为两周的sprint，一季6次sprint。
- 周期为三周的sprint，一季4次sprint。

每次，一季结束后，会空出一周不做sprint。开展不同于常规sprint的活动非常有趣。停下、反思，允许团队喘口气。

为了顺利开始第一季的第一次sprint，团队应从前奏开始。

在第六章中，我们将介绍在前奏和季末可以进行的具体活动。

PermaBio的第一季

一个团队通常需要2~6个月的时间才能实现聚焦。PermaBio团队为自己设定了在一季内，即3个月内，实现聚焦的目标。

在前奏期，团队确定了sprint周期为两个星期，从星期三上午开始，到星期二晚上结束。

因此，在第一季中，PermaBio有两个紧密相关的目标：

- 工作方式的目标：通过聚焦而变敏捷；
- 产出结果的目标：通过新订购服务平台实现每天卖出100道菜。

在PermaBio的待办列表中，级别优先的故事已经准备就绪，并将用于第一次sprint。产品负责人卢卡斯提出第一个sprint目标是实现当日例汤的功能。在第一次sprint的第一次仪式中，这一目标将会引起激烈讨论。

第四章
Sprint 仪式

我们需要仪式

第二天,小王子来了。

"你最好每天在相同的时间来。"狐狸说。

"比如,你下午四点来,那么从三点起,我就开始感到幸福。时间越临近,我就越感到幸福。

到了四点钟的时候,我就会坐立不安;我就会发现幸福的代价!但是,如果你随便什么时候来,我就不知道在什么时候该准备好我的心情……应当有一定的仪式感。"

"仪式感是什么?"小王子问。

"仪式感是经常被人们忘记的事情。"

"它能让某一天与其他日子不同,让某一时刻与其他时刻不同。"狐狸说。

夏尔·佩潘在其《自信的力量》一书中引用了圣埃克苏佩里的《小王子》的段落,以说明这些仪式有助于"理解我们在人生道路上取得的成绩"。在迈向敏捷的道路上,仪式同样适用于团队。

仪式遵循两个周期性的节奏,即sprint节奏和日常节奏。

日常仪式让团队及其成员感受到每一天都是不同的。在外部人员看来,这似乎是自相矛盾的。但是对那些身处其中的人来说,这让他们感受到每日sprint的多样性。

多亏了sprint仪式,每个时间盒既包含了与利益相关者共处的时间,也包含了对工作方式进行反思的时间。同时,它还能帮助了解团队的进度。

第四章 Sprint 仪式

仪式为团队带来信心

知道从星期三早上开始有为期两周的 sprint，知道每天上午 9:45 要花一刻钟讨论，知道每隔两周的星期二下午 2 点要向利益相关者进行结果演示并反思工作方式，这些都让团队感到安心。

至少在对时间的掌控上，这让团队得到了心理上的安全感。仪式化可以形成一个时间框架，减少组织团队活动的时间。它还可以增强团队的信心，提升集体的参与感。

> **仪式化有太多束缚，限制了团队的自由！**
>
> 自由并不意味着毫无约束；相反，sprint 框架能促进团队在行动中得到自我肯定。对团队而言，重要的是将仪式内化，以免其被视为控制团队的方法。有了仪式，集体便能专注于 sprint 目标，控制员工就会变得没有意义（如果存在这种情况）。

> **仪式到后期会变得僵化并失去意义，这与敏捷相反！**
>
> 完全正确。这就是为什么一旦达到某个学习阶段（例如聚焦），团队就可以改进仪式，甚至抛弃仪式。

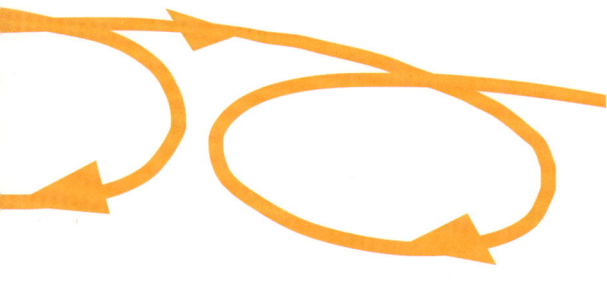

Sprint的四个仪式

仪式能触发反馈循环。敏捷是一种经验性的方法：决策的制定基于最近的经验。

经验论

经验论有三大支柱。

- **可见性（Visibilité）**，即公开透明加可视化管理。完全公开还不够，公开的内容要让人能够明白才行。在团队中，每个人都可以通过sprint计划使其他人看到他们所做的工作。可见性使追踪进度成为每个人而不是某一个人的事。在团队之外，可见性也指sprint目标向利益相关者公开。
- **检查（Inspection）**，是指观察可见情况并评估与预期可能存在的差距的行为。必须足够频繁地进行检查才能避免以后可能出现的重大偏差，但又不能太频繁而一直干扰工作。每天都要对与团队有关的计划进行检查，而在sprint末期还要对与利益相关者有关的结果进行检查。
- **修正（Adaptation）**，是指检查后对可能出现的重大偏差进行修正的能力。由集体决定是否进行修正，其频率与检查的频率相同。

产品和流程的仪式

Sprint的四个仪式中的三个都与产品，即sprint结果有关。

- 在sprint开始时，第一个仪式使可见性得以实施，这将在整个sprint周期中发挥作用。这是sprint **计划会议**。
- 第二个仪式是将可视化管理、检查和修正转化为每日活动。这是sprint **每日站会**。
- 在sprint末期，第三个仪式与第一个仪式相对应，对获得的结果进行检查和修正。这是sprint **评审会议**。

第四个仪式可能是实现聚焦最重要的仪式。如果成功，则证明团队不是被迫遵循某个流程，而是实现了自组织。这是sprint **回顾会议**。该仪式仅用于团队本身，意在将工作方式可视化，集体检查工作方式，最后修正工作方式以便为下次sprint做准备。

回顾会议在每次sprint的末期进行，排在评审会议之后。

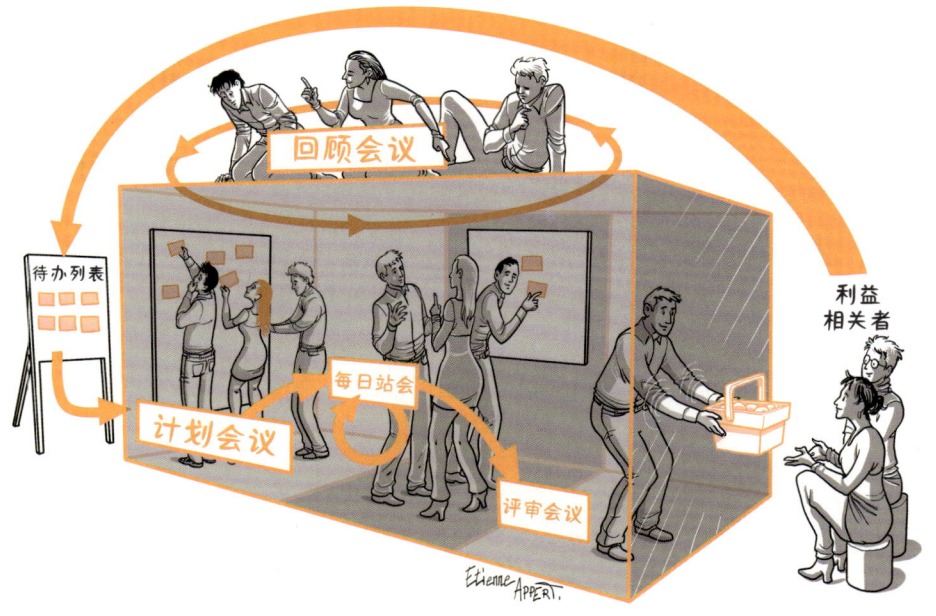

这四个会议不是通常意义上的会议，没有议程或会议记录，它们被用来开发集体智慧。

接下来，我们将介绍这四个仪式。针对每个仪式，我们将给出：

- 框架思维导图；
- 若干原则和注意事项；
- 以 PermaBio 为例，举例说明仪式的执行方式；
- 最后，我们将对质疑其意义和可行性的反对意见做出回应。

Sprint计划会议

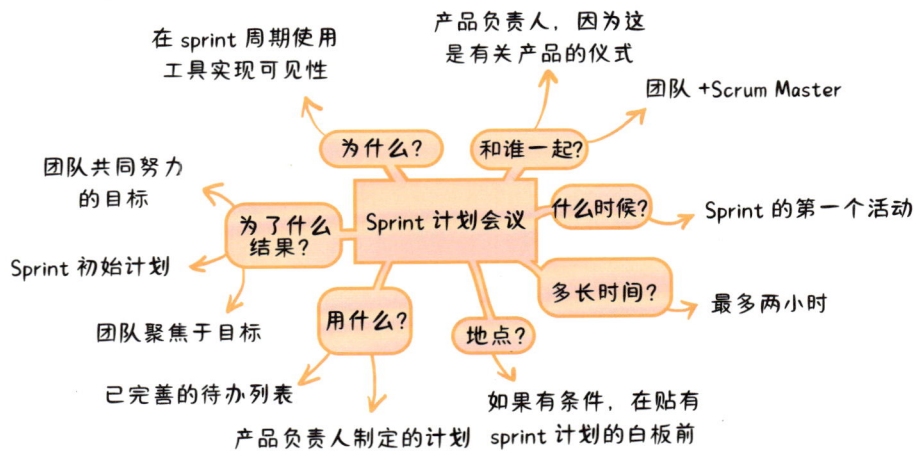

计划会议是 sprint 期间为团队聚焦做准备的仪式。

原则

"计划"（或"规划"）一词让人想起由管理者分配工作的经典项目管理方法。通常，项目经理在实现对团队任务的微观管理[1]后，进度追踪就停止了，而团队成

---

1 译者注：在微观管理里，管理者透过对被管理者（员工）的密切观察及操控，使被管理者达成管理者所指定的工作。

员成了执行者。

现在，我们处于另一种模式中，没有领导者。

我们最终取消了项目经理这一职位，这符合计划会议的定义，即一种定义目标及实现手段的"方法"。我们必须知道，在敏捷中，目标和手段是整个团队的事，这就是自组织的定义。

由于敏捷倾向于适应变化而不是遵循计划，所以重要的不是为了按期交付和减少成本而完全遵循计划，而是要看能不能定期提供价值。实际上，在sprint中，截止日期是事先定好的，且不会更改；至于开发成本，如果团队遵循之前的建议能够保持人员稳定，那么每次sprint的成本也应当相同。

将待处理工作分解为小块任务

团队由于缺乏经验，可能无法很好地将工作划分为一个个的小故事，并且不习惯快速完成任务的自组织形式。这就是为什么在设计故事时要先进行集体思考，这可以通过在sprint计划中添加与故事相关的小块任务来实现。

一项任务是一小部分的工作，不到一天的时间就能完成故事的一部分，但其本身并没有提供价值。

PermaBio如何进行计划会议：团队置身于sprint的情景下

PermaBio如何进行计划会议：团队与产品负责人就故事达成一致

PermaBio如何进行计划会议：团队研究故事并确定待处理工作

团队的讨论中心转向故事的设计上，确定完成故事的必办任务；每个任务都被记在便利贴上；每个故事都有一个组织讨论的负责人。

PermaBio如何进行计划会议：团队和产品负责人一起调整sprint目标

PermaBio如何进行计划会议：团队的每个成员都负责一部分工作

Sprint计划会议反对意见

让每个人都选择自己喜欢的工作,这怎么可能行得通?

自组织的原则是没有领导者来分配任务。

很多例子证实,在一个让团队自由表达的框架内,自组织是可以运作的。这就是 sprint 计划会议。

持怀疑态度的人如果了解了以下情况,就可以放心了:

- 不是让我们随意地选择任务,而是要遵照待办列表的任务优先级来按顺序完成。
- Scrum Master 会促进团队自组织化,并确保它朝着 sprint 目标前进。

整个 sprint 周期都不会进行工作分配。

在仪式结束时,每个人归位去完成自己的工作。无须在 sprint 周期内预先分配好所有工作,我们只需知道第一天谁会做什么。

事实上,在接下来的日子里,团队每天都会举行 sprint 每日站会。通过每次的站会仪式,团队得以重新审视每天的情况,并在考虑当前进度后进行分工。

成为敏捷团队
L'art de devenir une équipe agile

> **我一直认为完全投入关乎着团队的进展速度。你为什么不提这个?**
>
> 对某个具体内容的完全投入,自然而然会让团队以牺牲质量为代价来快速实现它。如果日期、团队规模以及 sprint 的作用范围是固定不变的,那么团队将没有更多的精力去应对危机。这不可避免地会导致技术负债[1],换句话说就是降低质量。
>
> 对于敏捷团队来说,速度的概念(等同于团队在 sprint 中完成的待办列表的数量)是没有用的,甚至是危险的,很可能会导致假敏捷。

Sprint每日站会

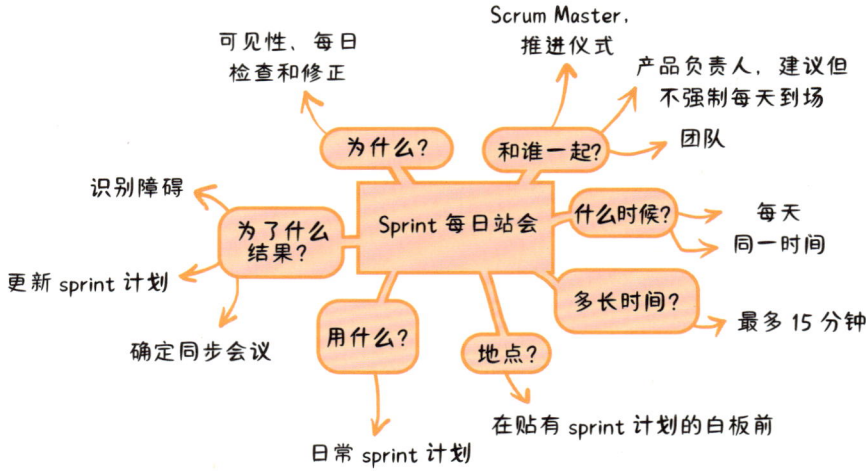

每日站会是最有名及最常用的仪式,一个重要的原因是它每天都要进行。

---

[1] 译者注:技术负债是软件开发中的一个比喻,指开发人员为了加速软件开发,在应该采用最佳方案时进行了妥协,改用了短期内能加速软件开发的方案,从而在未来给自己带来的额外开发负担。

合作原则

每日站会的作用是增加sprint成功的概率，使团队聚焦于目标。

这个仪式有几个名字：站立（standup），Scrum每日例会（daily scrum meeting）或其他词。站立使人联想到戏剧即兴表演中的个人演出；法语中的Scrum每日例会体现了每日进行，这对于增强集体感非常有用。

站会让团队成员有了每天共处的时间，使其可以召开必要的同步会议以组织一天的工作安排。

原则是要回答有关sprint目标的三个关键问题：

- 昨天我做了什么来帮助团队达成目标？
- 今天我要做什么？
- 有阻碍我实现今日目标的因素吗？

障碍的概念

每日站会是发现障碍的好机会。

障碍是一个具体的困难，它阻碍或减缓一个或多个sprint故事顺利进行，进而阻止团队按照自己的进度前进。

专用看板能显示障碍，可通过在团队看板上突出标记受阻任务或故事来实现。

成为敏捷团队
L'art de devenir une équipe agile

障碍总会存在。每日站会可以迅速发现它们，但不是在这个环节解决它们。

Scrum Master负责召集相关人员，以尽快解决问题。有时需要请求外援来解决。

PermaBio如何进行每日站会

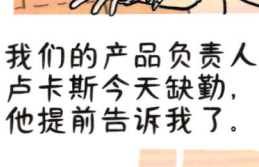

第四章 Sprint 仪式

　　内森也在忙着完成故事。他没有遇到什么特别的问题，大概在后天，他们就可以让卢卡斯抽空批准这一故事。

　　我们来看第二个进行中的故事：**订购当日例汤**。针对这个故事，迪欧提出了如何定义10公里范围的问题，是直线路程还是实际路程？由于卢卡斯不在场，团队需要将这个"障碍"写在白板上。

目前只有两个进行中的故事。萨拉问团队今天是否要开启第三个故事。不,最好明天。

12分钟后,每日站会结束。除了蕾雅和迪欧还在继续讨论汤品照片的格式外,其他人都回到了自己的座位上。

Sprint每日站会反对意见

我们尝试了每日站会,但这太花时间了!

每日站会的时间要限制在 15 分钟内。刚起步的团队强烈希望能够及时发现问题并立马解决,这样就会导致站会持续太久。

每日站会不是为了解决问题,而是为了发现问题。Scrum Master 要制止大家偏离主题,可建议相关人员当天再约个时间单独讨论这些问题。

我们所有人都在同一个地方工作,无须聚在一起。当整个团队共处一室时,每个人可以根据自己的需要和愿望来定期交谈。在这种情况下,为什么要添加一个像每日站会这样的正式会议?

每日站会是一种仪式,因此,即使对一个可以进行自我沟通的团队来说,也有它的好处。这花不了多少精力。而且经验表明,良性的每日站会,特别是站在看板前进行的这种,会非常实用,它会让团队更多地重视障碍、任务或故事的完善工作。

橄榄球的名言也适用于敏捷:**没有 Scrum 就没有胜利。**

> 如果有成员远程工作，这种方法就行不通了！团队需要围站在看板前面，这没问题，但是当团队中有一部分人不在场时，该怎么办？
>
> 团队工作地点分散，必然会降低每日站会的效率。幸运的是，我们可以使用远程通信工具：视频会议和共享白板。
>
> 但是，请注意以下问题：
>
> - 此类工具容易使每日站会看起来像一个报告会，这不是使用它们的目的；
> - 远程工作的成员可能会导致每日站会的时间延长，一方面是因为他们坐着开会，另一方面是因为他们远离了其他成员，交流的愿望更加迫切。
>
> 在第六章中，我们将谈到分散团队的概念。

Sprint评审会议

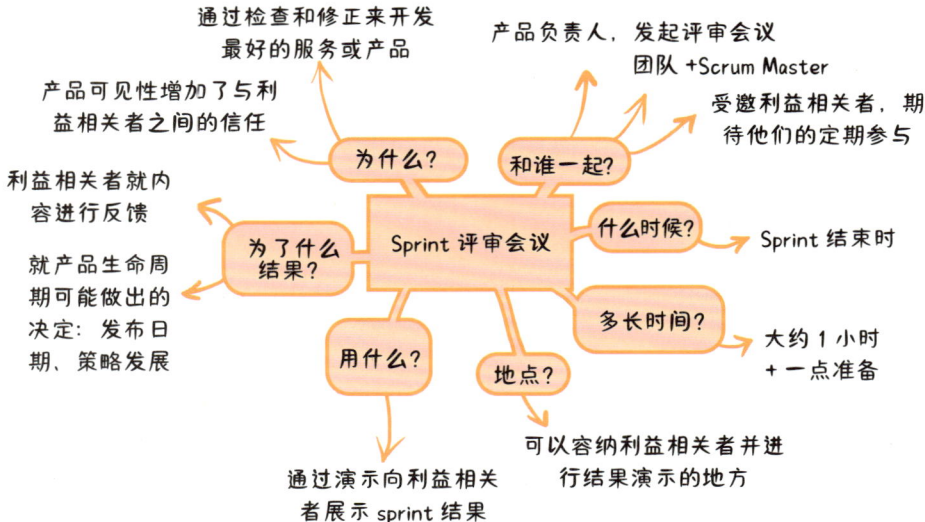

第四章 Sprint 仪式

Sprint评审会议是团队对外开放程度最高的一个仪式，体现在利益相关者的参与上。这与后者息息相关，因为产品或服务是为他们创造的。因此，邀请他们观摩演示，这是评审会议的重中之重。

原则

在团队和利益相关者均在场的情况下，评审会议是巩固工作人员兼开发人员（团队）、提要求者兼未来用户（利益相关者）之间信任的理想契机。

评审会议是唯一一个要分三个步骤的仪式。首先，需要提前做一些准备，然后，向利益相关者演示，最后做进度评估。

PermaBio如何进行评审会议：准备

Sprint在星期二结束。上午10点，团队开会准备下午的评审会议。萨拉要求所有人（包括产品负责人卢卡斯）进入评审会议办公室进行准备，即排练一遍下午要做的演示。

他们很快就已完成的部分和下午要演示的部分达成了一致。

卢卡斯在卡片上写了一个场景：按照故事的展示顺序，他列了一份故事清单，并添加了真实数据来完善故事。蕾雅将演示前两个故事（添加汤品、选择当日例汤），内森将负责第三个（订购当日例汤）。彩排将在萨拉的手机上完成。

房间的Wi-Fi不能用，幸好团队提前做了检查，必须插上网线才能访问测试服务器。

彩排不够流畅！尤其是使用的数据，既不够严密，也不够精确。卢卡斯为利益相关者准备了另一个更具说服力的例子。

总共要花35分钟，但这并非没有用！

当然，不需要准备PPT，设计场景就足够了。

PermaBio如何进行评审会议：演示

下午2点，整个团队准备好了。种植者玛丽和创始人皮埃尔都在场。虽然销售维克多不在，但是蔬果客户埃洛迪在。

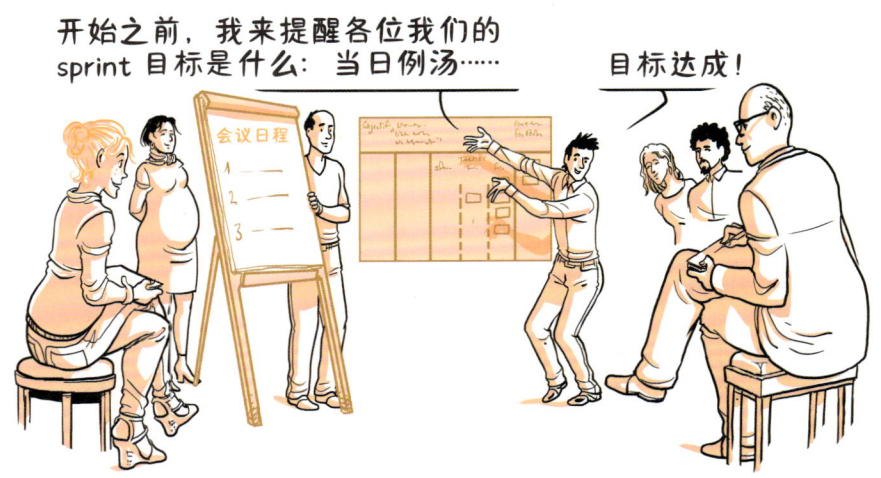

第四章　Sprint 仪式

当蕾雅调试电脑的视频投影功能时，卢卡斯在一边介绍蕾雅即将开始的情景演示。他和蕾雅配合得很好，比今天早上顺利得多。在演示结束时，卢卡斯重新提到刚刚演示的两个故事，并请利益相关者发表意见。玛丽提了一个改进意见，卢卡斯记了下来。埃洛迪提了一个问题，卢卡斯做了回答。接着，迪欧继续他们的演示。

这次演示持续了22分钟。最后，卢卡斯对利益相关者表示感谢，并记录下他们提出的反馈，以补充进待办列表。他告诉利益相关者产品可以使用了，他们现在可以在服务器上自行操作。他宣布，开启下一次 sprint。

PermaBio如何进行评审会议：产品指导

皮埃尔留下来和卢卡斯、萨拉一起讨论产品。他们一起回忆演示过程和利益相关者的反应。卢卡斯提起后续 sprint 的待办事项。

103

决定了!付款功能设计好后,我们就发布产品。预计20天后发布,也就是下一次sprint结束后的几天,这样可以多预留一点时间。

卢卡斯宣布他将负责这次产品发布的沟通事宜,并会督促维克多写通告。

Sprint评审会议反对意见

> 如果我们向用户展示的产品不能满足他们所有的期望,他们就会失望……

啊!难道当用户一年后发现产品不符合他们的期望时,他们会感到高兴吗?邀请他们,向他们解释你们在做什么,处于哪个阶段,然后给他们做一个精彩的演示。

很快,他们很可能开心地意识到自己也参与到产品设计的过程中,因为团队从一开始就考虑了他们的反馈。

第四章 Sprint 仪式

为什么要故意等到评审会议时才向用户展示功能，而不是在刚完成，即使是在 sprint 阶段，就向他们展示？

评审会议不可或缺，因为它是一个具有号召力的仪式。我们观察到，这样的共处时刻对建立团队和利益相关者之间的信任有非常积极的作用。

这并不妨碍团队在 sprint 期间的展示，我们正是这样定期向产品负责人展示成果的，而后者在团队中代表着用户。

正是在指导委员会（COPIL）期间，我们做出了与产品相关的决定。不过，指导委员会的决策者肯定不肯参加评审会议，因为他们日理万机。

邀请指导委员会的"决策者"参加评审会议，并坚持要求他们参加！必须提醒他们，与产品有关的决策是由利益相关者委托产品负责人来做的，而他们正是利益相关者之一。产品负责人与团队联系密切，是最适合做出决策的人选。向"决策者"解释，评审会议的最后一部分是指导产品的生产方向，用户不参与这个过程，但欢迎他们参与。

我们一定要避免在产品决策上出现分歧。

Sprint回顾会议

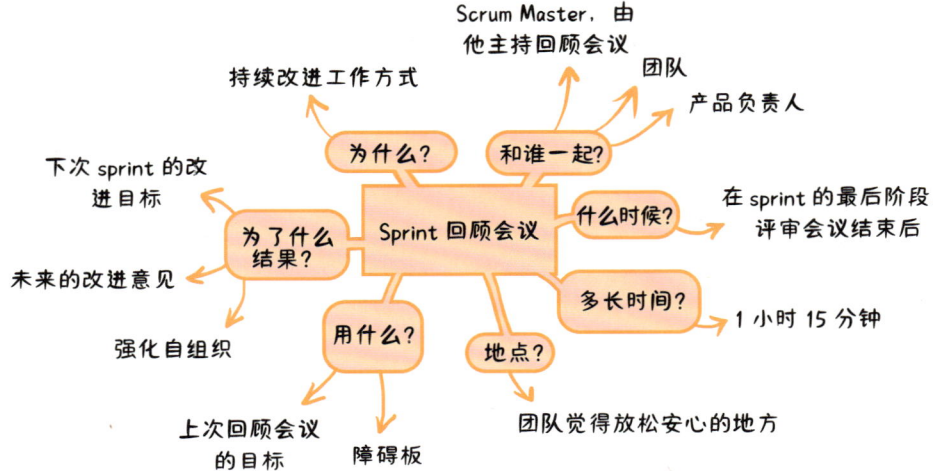

Sprint的最后一个仪式是回顾会议。对自组织来说,这是最后一个仪式,但也是最为重要的仪式。

优化原则

如果团队通过回顾会议成功地改进了工作方式,则表明团队有独立决策的能力,因此就能朝着自组织的方向更进一步。

与之前的三个仪式不同,回顾会议与产品无关,而是与流程有关。联系到之前所讲的内容,流程这个词需要有技巧地使用。在传统组织中,流程被强加于团队,而敏捷可以建立和改进它。

因此,回顾会议是一个将团队从工作中抽离出来,从更高层次进行审议并思考如何改善工作方式的特殊时刻。

PermaBio如何进行回顾会议：建立信任

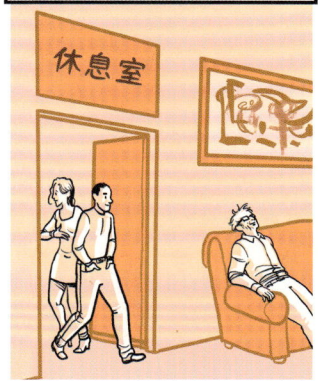

PermaBio如何进行回顾会议：回顾过去

萨拉起身并在白板上画出了时间线：左边是sprint开始的第一天，右边是今天。她搬来了障碍板。每个便利贴上写了障碍的名称及其出现的日期。在和大家一起回忆这些

障碍的过程中，她轻松地将这些便签按时间顺序排好。她向大家询问，sprint中是否还有其他里程碑式的事件。她以内森上周五为大家带来蛋糕庆生为例。蕾雅谈起她上周一与玛丽的会面，这使她更好地了解了用户的需求。迪欧提起他周三的JavaScript培训。

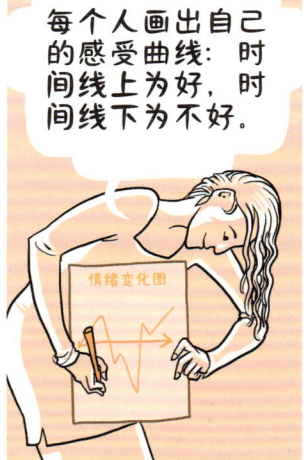

回顾过去非常重要，这使得每个人能够重新审视团队过去的工作方式（即让过去的工作方式"可见"），并从不同角度得出不同的评估结果。

团队可见性的结果令人满意，萨拉继续进行下面的步骤——检查和修正。

PermaBio如何进行回顾会议：收集改进意见

萨拉在白板上画了一只漂亮的海星。她解释了五个区域的意义。

你们可以上来，把便利贴贴在海星范围内的五个区域里。欢迎你们畅所欲言，与团队分享！

PermaBio如何进行回顾会议：为下次sprint筛选改进意见

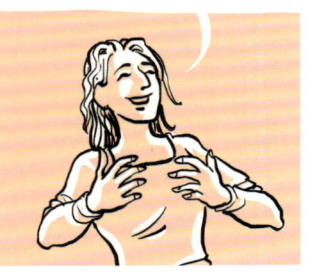

参与者要将海星便利贴移到白板的另一个区域。有些想法比较类似，但如果它们出现在海星的不同区域，则要按相似性重新分类。萨拉要求安静地进行整合。

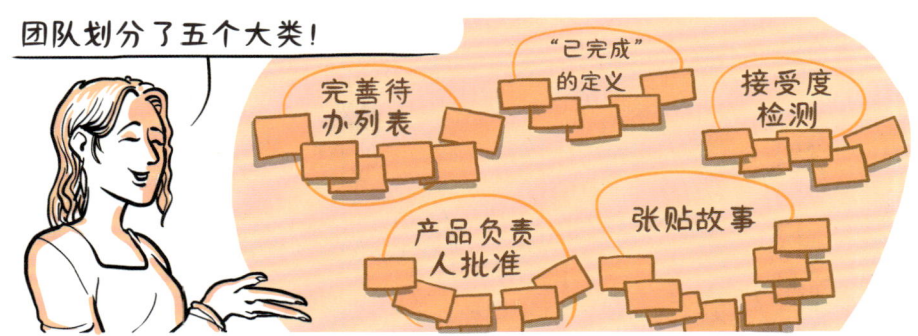

闭幕

Sprint回顾会议反对意见

> 如果我理解正确，整个团队要在回顾会议上花一个多小时的时间！这会产生巨大的消耗，在此期间我们还有许多工作要做，却什么也不能产出。

的确，回顾会议至少需要一个小时，甚至是两个小时。然而，为了建立一支能在每次 sprint 中产生价值的聚焦团队，这一仪式不可或缺。

不要妄想继续保持原样还能产生不同的结果。如果你想获取更多价值，就必须改变工作方式。

由团队本身定义其改进的方式。

与遵循外部人员的命令相比，这种方法更加高效、快捷，成本更低。

> 团队在几次 sprint 中开展了回顾会议，但什么都没有改变。团队成员自行决定不再继续，他们认为这没有意义。

没能实现预期的原因有很多。人们经常提到著名的变革阻力理论[1]。这是个正当理由，如果人们有抵触情绪，那是因为他们觉得自己没有处在一个充满信任的环境中。

---

1 译者注：该理论认为，组织变革所具有的破坏性和风险性会使其招致来自组织内外各个方面的阻力。

回顾会议之后，"什么都没发生"的情况最常见的原因是：

- 团队尚未做出明确的改进决定。回顾会议结束时应该提出一个清晰的、所有人都理解的改进目标，并在下次sprint的整个过程中保持可见，以督促团队实现它。
- 团队没有时间改进。在sprint期间，100%投入工作的团队永远没有余力去改进。
- 回顾会议提出的改进目标超出了团队的能力范围。

团队应遵循斯多葛原则：尝试改变我们能力范围外的事是徒劳的，最好把精力放在我们能决定的事情上。

另一个可能性是，团队对总是以相同方式进行的回顾会议，比如轮流发言的形式感到厌倦。有很多技巧能让回顾会议变得有趣，适时变化很重要。每个团队可以自行定义最适合其情况的会议形式。

养成变敏捷的习惯

四个sprint仪式是敏捷的核心。所有这些仪式对团队变敏捷都是必不可少的。它们之间相辅相成。

我们总是需要设定一个目标并总结出要做的工作（计划会议），我们总是需要

保持同步（每日站会），我们总是需要检查结果（评审会议），我们总是需要不断改进（回顾会议）。仪式化简化了这些活动，团队不用把精力浪费在决定开会、询问大家的空余时间以及找会议室等问题上。

团队知道，每天早上9:30在白板前会有一场每日站会。一开始要Scrum Master提醒，很快这就变成了团队的习惯。

利益相关者会受到评审会议仪式的影响。他们可能会比团队投入更多的时间，但他们最终也会养成在每隔两周的星期四下午观摩演示的习惯。

Sprint仪式为团队及其生态系统提供了存在的框架，本质上可以增强每个人的自信心以及团队成员间的信任感。在sprint期间，当团队朝着目标努力工作并产生价值时，信任感将非常有用。

当有事发生时，在我看来，立即行动比拖到仪式上解决更有效。以持续改进为例，为什么要等到开回顾会议才去做呢？只要有需要，我们立刻就能做到。

当然，在sprint周期内出现了障碍，我们不必等到sprint末期的回顾会议再消除它。

回顾会议是另一种时刻，在此期间，团队回过头来反思遇到的常见问题，是工作方式的问题，而不是处理产品的问题。通过这段专门用来反思的时间，我们可以从sprint中遇到的（小）困难上总结经验，这是非常有必要的。

对于经验不够丰富的团队，定期演练要比按需进行实践容易，这就是为什么仪式对于聚焦很重要。

> **所有这些仪式会让我们在会议上花费大量时间！**
>
> 仪式不是传统的会议，而是积极参与并产生有用结果的时刻。这与大家被迫参与、去了也是玩手机的部门会议截然不同。
>
> 仪式必不可少，而且仪式仅占团队不足 10% 的时间。剩下超过 90% 的时间都用于常见的集体活动。

仪式化带来的文化变革必然会反映在团队的所有工作上。

第五章
新文化日常化

团队开发故事

在计划会议之后，每个团队成员都全力支持sprint目标，清楚地知道自己在sprint中该做什么、从哪里开始。之后每个早晨的每日站会后，团队将根据最新情况重新分配工作。

这两个仪式通过确定共同的目标和必要的同步会议来实现团队协作。

合作

剩下的时间里，团队成员共同攻克任务。总的来说，一个任务由一人负责。但在某些情况下，让几个人一起完成可能会更好。在开发软件的过程中，一个常用的方法是结对工作，即两人在同一个办公桌上一起完成一个任务。一个写代码，另一个检查，这样做被证明是寻找优质解决方案的有效方法。

这种合作形式更常见于Jedi[1]和Padawan[2]之间，用于传授知识。

每一项任务可以构建一个故事的一部分。一个故事的多项任务最好分给几个人做，因为如果团队中的每个人都致力于自己的故事，那他们并不是在真正地合作，这不利于实现团队聚焦。

---

1 译者注：即电影《星球大战》里的绝地大师，代指拥有丰富知识的专家。
2 译者注：即电影《星球大战》里的学徒，代指刚入门的新手。

专注

为了避免多任务，团队一起努力快速完成一个故事，而不是同时进行好几个故事。看板有一个功能可以解决这个问题，即限制工作数量。它旨在对进行中的工作数量设置明确的限制。

例如，PermaBio团队可以将正在进行的故事的上限设为3。

团队是根据经验来设置和调整上限的。每当项目的进度快要突破上限时，就会引发讨论。

完成

每个人在开始新任务或新故事时要牢记的原则是：

在最初几次的sprint中，尽管团队表现出了良好的意愿，却可能完不成故事，这很可能是因为故事不够完善。

团队完善故事

完善故事可以减少故事在一个 sprint 周期内完不成的风险。该方法可确保故事准备就绪,也就是说,故事内容精简且易于理解。

在 sprint 周期内完善

完善待办列表需要考虑到下一次 sprint 的故事。

这是一项需要团队花费时间的活动,大约占 sprint 周期的 10% 的时间。但是,它不会出现在 sprint 计划里,因为计划显示的是已实现的故事。实际上,完善故事的 sprint 在实现故事的 sprint 之前。

将完善工作仪式化

一支刚组建的团队还没有养成完善的习惯,在 sprint 中忘记这样做,可能会导致下一次 sprint 计划会议遇到困难。

帮助团队熟悉完善工作的一种办法是将其仪式化,可以在每次 sprint 中留出一段固定时间,例如,每个星期四从下午 2 点到 4 点的两个小时。请注意,在这种情况下,花在仪式上的时间会增加到 sprint 周期的 20% 左右。

讨论后进行完善工作

与产品负责人讨论后,团队才能决定一个故事是否准备就绪了:

- 如果团队认为他们掌握了足够的资料,并且可以在一个sprint周期内实现故事,则宣布故事准备就绪;
- 反之,产品负责人必须更深入地研究故事,并在另一次完善会议中进行复查,以便开始下一次sprint。

> 讨论中提到的东西容易被遗忘,必须为每个故事编写文档。
> 如果你想,当然可以这样做,但既然你能忘记刚说的话,那说明这些主意也不太站得住脚……

存在的不确定性

讨论中聊到了评审会议上故事的演示方式,这有助于团队了解其完成情况。

但这不意味着要了解故事的所有细节,让工作完全框架化和机械化。这样做除了过于理想化之外,还可能重新造成"客户想要的故事"和"团队实现的故事"之间的差距,而这正是敏捷想要打破的"有害隔阂"。

团队学会更好地工作

回顾会议后的学习

在回顾会议后，团队将为下一次sprint制定改进目标。实现这一目标需要时间，首先是思考计划、确定行动所需的时间，然后是执行计划的时间。

将改进目标写在白板上，以便在每日站会中随时看到，这可以增大实现这一目标的成功概率。

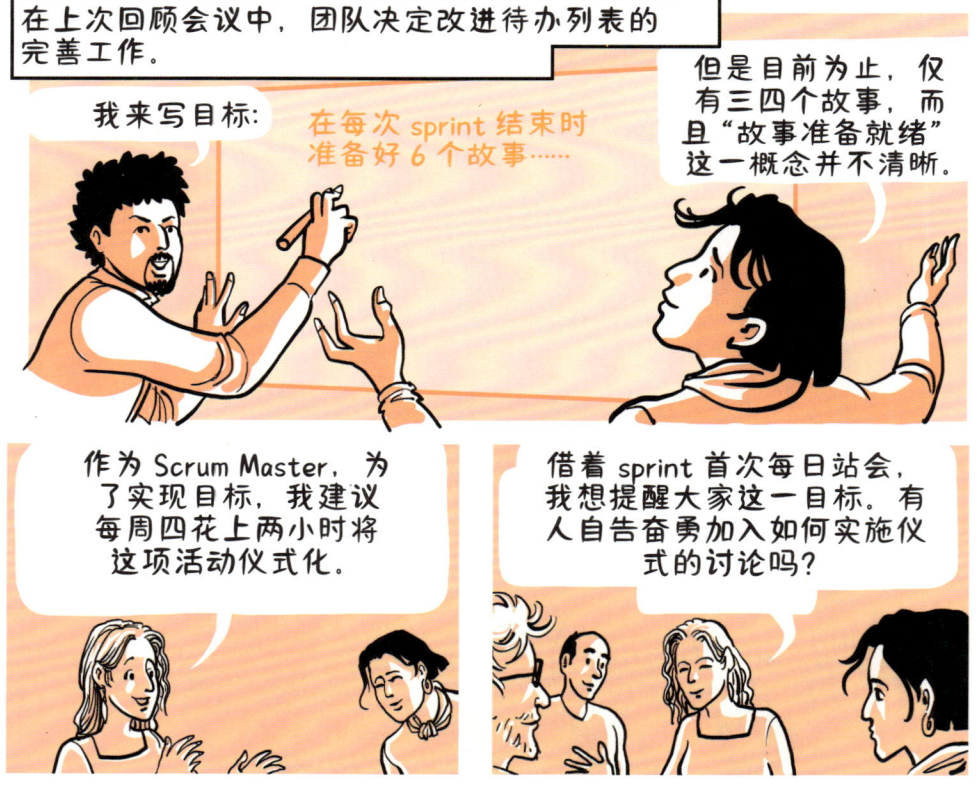

讨论在第二天进行，并确定了完善会议的固定时间和地点。在周四的每日站会上，Scrum Master提醒大家准时参加今天的完善会议，并要求所有人出席。每个人就完善工作提出反馈，并共同确定了在下周四的完善会议上要做的改变。我们将在回顾会议上进行小结。

从问题中学习

改善工作方式的另一种方法是在问题中学习。在一次sprint周期内，总有一些事件会减慢或阻碍团队实现目标。

这些耽误任务完成的障碍一旦被发现，立马就会被张贴出来。障碍板是团队的重要工具，障碍可视化可以避免拖延。解决障碍后，集体反思整个过程是一种学习和避免犯同一错误的方法。

请注意，不要执着于寻找问题的根本原因。在复杂的环境中，问题的原因不一定只有一个。

对于团队来说，聚焦于sprint结果的同时还要思考如何改进工作方式，这往往是一个挑战。在团队的前几次sprint中，由Scrum Master来负责应对挑战，并为团队建议合理的学习时间。

如何应对紧急任务

许多公司都会面临躲不掉的紧急情况。这会使适应性不好的人感到有压力和不适。

在团队中,紧迫性加剧了多任务处理的现象的出现,并会产生负面影响。这是聚焦的最大敌人,而聚焦是团队变敏捷的关键。

那么,如何反抗利益相关者想要强加给团队的紧急命令,特别是那些持有权力的利益相关者?

从理论上讲,sprint 是应对紧急情况的根本方法。团队受到保护,没有人可以增加工作。的确,每个人都可以将其想法添加到待办列表中,但这不会影响当前的 sprint。

拒绝假紧急任务

在实践中,尤其是当公司内部普遍存在一种压迫性的紧急任务文化时,假紧急任务更难处理。首先,每个人——尤其是有权力的利益相关者必须理解规则:"没有人可以违背团队的意愿为其增加工作"。因此,决定权在团队手上,但团队或多或少会受到压力从而影响他们的决定。

一支刚组建的团队还没有说"不"的经验,那些施压者也还没有准备好被拒绝。在此期间,Scrum Master 要承担起保护团队的重要角色。这将促使提出要求的人学会区分紧急的事情和重要的事情。

许多被认为紧急的要求事后想来仅仅是重要而已。这可以过滤掉很多待办列表中所谓的紧急任务,以保证当前的 sprint 不受影响。

就真正紧急的情况进行谈判

对于 Scrum Master 第一次阻止后仍然认为紧急的事情,以下为实际应对方法:

- 可以对尚未开始的故事进行任务交换。团队可以说,"如果可以删除另一个同等工作量的故事,我们就接受这项紧急任务"。
- 如果团队认为紧急任务可以接受,则干扰一旦排除就要重新协商 sprint 目标。

- 显然，团队会接受涉及公司生存的紧急任务，如 PermaBio 的例子。

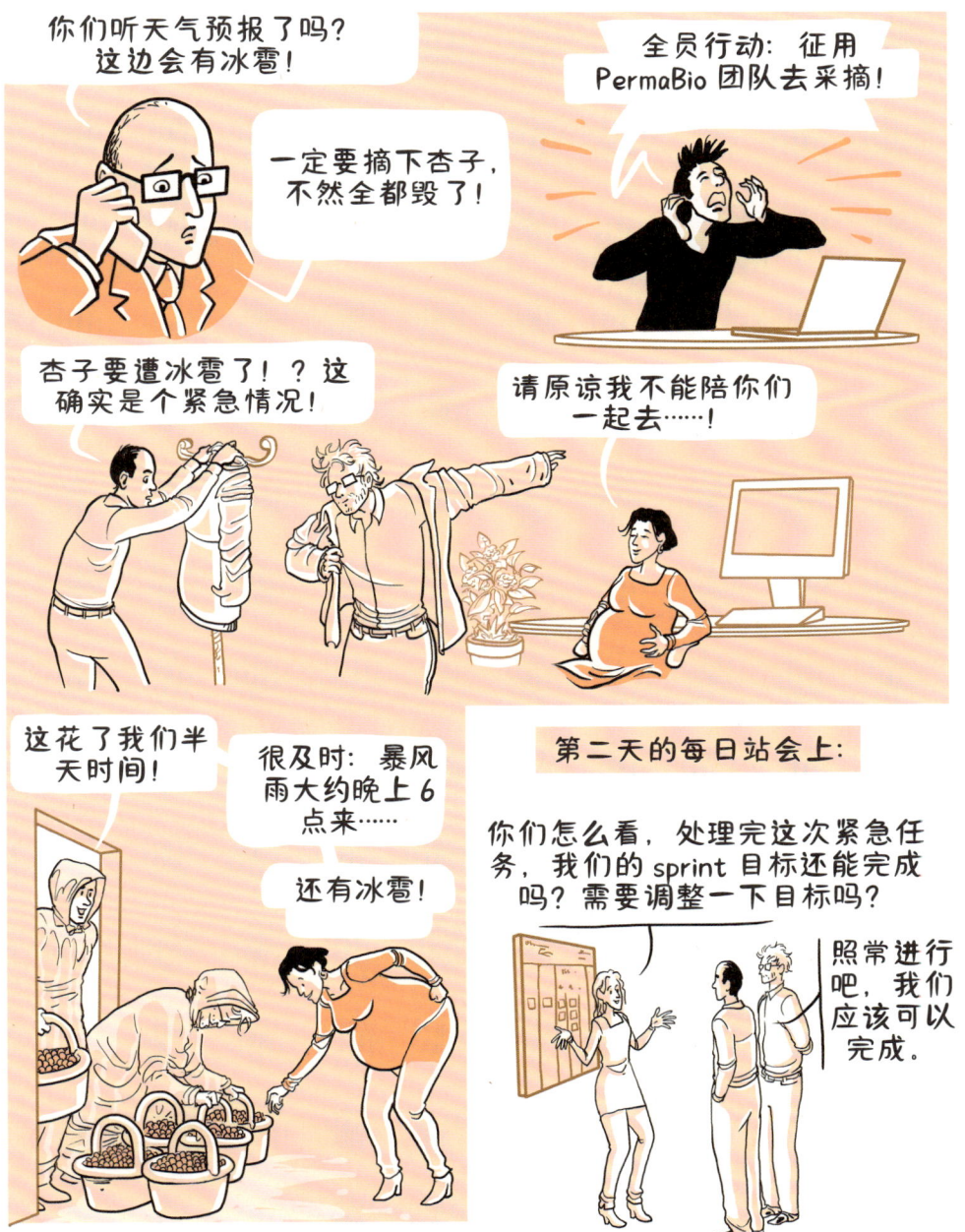

如何做决策

与项目经理几乎决定一切事务的团队相比，敏捷团队有更妙的决策方法。

作为自组织，团队具有自我组织的权力和权威。这种权力的界限是什么？在 sprint 中如何做出推进任务达成的一系列决策？

什么决策？

当公司实施敏捷时，很容易想到团队的权力不涉及有关产品、预算和人力资源的战略性决策。一个尚未聚焦的团队不会自行决定进入非洲市场、加薪或裁员。

反过来，决定调整工作时间、安排工作空间、选择待办列表工具以及是否结对工作……这些在变敏捷的团队的决策范围之内。

职责和决策

产品负责人具有决定待办列表中的故事顺序的特殊权力。他正是通过这个权力来使产品价值最大化。这并不妨碍他与团队商量某些故事的优先级，但是，如果团队未能达成一致，就由他来做决定。在第一季中，他也有权判定故事是否已在 sprint 周期内完成。

与普遍的看法相反，Scrum Master 没有特别的权力，他与团队其他成员以相同的方式参与决策。

决策的技巧

为了加快仪式期间做决策的速度，敏捷团队会进行投票。投票方法各异：多数投票制或积分制，如 PermaBio 在回顾会议上使用的。

对于日常决策，推荐的方法是征求意见，也就是说，团队成员可以在征求相关领域专家和受决策结果影响的人之后更改决定。征求意见能使整个团队支持该决定。

蕾雅将使用这一方法来改进团队看板。

产品负责人的一天

与团队合作

作为产品负责人，卢卡斯不仅是客户和用户代表，还是团队成员，在sprint期间他要积极参加仪式。

卢卡斯每天上午9:30参加每日站会，倾听每个人的担忧，并思考如何帮助他们。今天，他从内森那里得知，他可以着手批准故事**选择当日例汤**。

他马上去检查通过的条件，并确认故事确实妥善完成了（他登录系统，选定栗子南瓜汤作为当日例汤，并标注供应份数，最后检查用户是否可以看到当日例汤）。

会见用户

早晨结束了，在维克多的建议下，卢卡斯去见了PermaBio的用户。他将借此机会谈论自己想在产品中添加的新功能（回收蔬果皮用于堆肥、与mesrecettes.com网站合作），并向参与的用户征询意见。这个想法颇受欢迎，参与的用户积极回应，有人甚至建议从邻居那里回收蔬果皮。

通过讨论完善故事

像每个周四一样,卢卡斯组织了待办列表完善会议。

现在是时候与团队成员讨论优先级高的故事了。

卢卡斯向团队介绍了他对新的支付故事的期待,所有人都同意先开发在线支付功能。完善此故事后,他更新了待办列表。

让利益相关者参与进来

卢卡斯对利益相关者的产品负责：为履行职责，他必须与他们进行沟通。

今天下午，他与PermaBio的创始人玛丽和皮埃尔见面，并邀请他们参加sprint末期的评审环节。他们的出席非常重要，因为评审是对产品状况的一次集体检查。他借此机会告诉他们有关在线支付的想法，这是下一次的sprint目标。

Scrum Master的一天

参加每日站会

萨拉早上9点到达公司，回复完电子邮件后，她将团队成员召集在咖啡机旁。他们在讨论前一天电视播出的新剧集。

然后，上午9:30，在sprint板前开始每日站会。团队已经养成了习惯，萨拉不需要组织站会。她只需确保团队遵守在回顾会议上提出的改进决定，即"站会不持续超过一刻钟的时间"。

越过障碍

每日站会结束后，萨拉立即与蕾雅和系统工程师讨论。这次讨论是为了解决服务器尚不能运行、妨碍每次sprint顺利开展的障碍。一旦解决，萨拉立刻更新到障碍板。哎呀，只剩下3个要解决的问题了！

与此同时，她顺便检查了一下任务是否在站会后得到了更新。更新完毕。

就像每个周四下午一样，午后会有一场待办列表完善会议。她与产品负责人卢卡斯进行了简短的交谈，以确保下一次sprint的团队所需，避免任务中断。

成为敏捷团队
L'art de devenir une équipe agile

中午，萨拉和朋友索菲在河边跑步。

要洗澡了,她在厨房里发现了几个正在吃午餐的团队成员。这是一个与团队成员共处的好机会。

是时候进行完善会议了。还有一个地理定位的故事需要完善,因此团队邀请了测绘专家洛朗。但洛朗一定忘了,他没来!萨拉打电话给他,得知他有急事。协商后,他同意一刻钟之后到。团队稍微调整了会议进程以合理利用时间,洛朗的到场很重要。最后,完善会议顺利进行,准备就绪的故事已经足够多:订单在线支付、评价汤品和与 mesrecettes.com 网站合作。

会议结束后,她和卢卡斯一起更新了待办列表,完善工作对他的影响不小。这时,迪欧告诉她用于开发的服务器出了故障。她让卢卡斯完成更新,然后赶紧去找迪欧。还好,不算太严重,只需要重启服务器。她暗示迪欧其实他可以自己解决这个问题。

在下午4点分析上周重大漏洞原因的会议开始前,她还有一点时间见负责"订购当日例汤"这一故事的蕾雅和梅迪。她帮助他们检查故事已完成的定义。啊,还需要添加获取在线帮助的文本,她来处理,今晚就能完成!

萨拉主持了这个关于重大漏洞的讨论,力求让团队就改进的地方达成一致。嗯……由于软件已经变得很复杂,漏洞的原因多种多样。她明天将在每日站会上和整个团队讨论这个问题。

团队的健康

在今天早上的站会上,萨拉感到蕾雅心事重重。她要赶在蕾雅离开之前见她一面。她开始意识到蕾雅与迪欧有冲突。她明天会和迪欧沟通。得记着在下次回顾会议上建议大家使用表情日历,也许可以提前预料到这种情况。表情日历可以根据每个人下班时填写的表情符号来追踪他们的情绪。

第五章 新文化日常化

在下班之前,她查看了信息,并看到皮埃尔的请求,他想明后天带迪欧去客户那里做演示。在与团队协商后,她坦率地对皮埃尔说不行,因为这会影响到sprint目标。但她提出可以邀请客户来参加下一次的评审会议。

团队成员的一天

梅迪成为 PermaBio 员工已经两个月了。

每日站会迟到

梅迪骑自行车上班。今天早上,他的车胎在路上爆了。他不得不停下来修车,是后轮出了问题。最后,不管他踩得多努力,也没赶上 9:30 的每日站会。

135

只晚了三分钟,但团队不会等他。每日站会正在进行中。他悄悄加入白板前的队伍里。轮到他讲话时,他先说自己的车爆胎了,明天会带些羊角面包来。大家早已料到,因为这一规定是对迟到者的惩罚。他讲了与蕾雅合作的"订购当日例汤"故事的最新情况。他估计自己"设计表格"的任务可以在早上完成。随后,在下午发给卢卡斯批准之前,他需要与蕾雅同步目前的信息,以核查故事的完成情况。因此,他将有时间协助另一个故事或开启一个新故事。由于没有人需要帮忙,他选择了开启一个新故事。

聚焦任务

梅迪开始进行"表格"任务。他在自己的座位上舒服地坐下,打开了播放列表,一边听音乐一边集中精力工作。40分钟后,他的进度不错。稍作休息后,他去倒了一杯咖啡,然后再次投入工作。

只有蕾雅短暂来访的时候打断了他,蕾雅来拿制作团队工牌的画像。上午11:30左右,梅迪完成了任务。他去通知蕾雅,并让她做好整合故事的准备,以便卢卡斯可以在下午批准。

第五章　新文化日常化

新故事的开始

梅迪在"订购当日例汤"故事中的工作已经完成，准备把故事移交给蕾雅，在卢卡斯批准之前，将由她负责完成故事。

梅迪开启了新故事"评价汤品"。他上周参与了这个故事的完善工作，因此已经有所了解。不过，为了更好地了解业务需求，他去找玛丽，玛丽向他解释了为什么这个故事很重要：好评会增加客户的信任并鼓励客户从 PermaBio 订购。

回到办公桌，他开始构思这个故事。他认为需要和迪欧讨论一下。迪欧很忙，他不打算立刻去找他。他会在明天的站会上向迪欧提议每天结对工作一小时。

思考的时间

Sprint目标推动团队获得结果，但不应太快得出sprint仅仅是为了结果而设计的结论。我们已经看到，团队会花时间学习，从而有所进步，并且还会不断完善。获得结果的过程不仅仅是一个生产的过程，**思考**同样也很重要，尤其是对知识型工作来说。

独立思考和集体思考

在诸如计划会议或回顾会议的仪式中，团队进行了集体思考。在sprint周期内，可根据需要组织其他集体思考会议。例如，要设计一个故事或找到解决障碍的方案时，可以在每日站会上组织相关人员召开会议。

尽管团队合作是敏捷的基础，但这也不妨碍个人进行思考。独立思考对防止盲目顺从集体仍是必不可少的。

独立思考还是几个人一起思考？都行！可以根据个人性格或思考的方式来选择。

为了提高思考——甚至是冥想——的效率，团队可以在办公室里留出一片思考空间或休息角。或者让大家去森林或河边散步，步行已被证明可以激发创造性思维。

间歇工作

一天的进程类似于长距离运动和马拉松训练,即所谓的间歇训练。各种活动接踵而来:上午9:30开每日站会,上午其余的时间每个人专注于自己的任务,下午2点进行完善会议,诸如此类。

在sprint周期内,团队成员的时间是碎片化的,会被每日站会打断。高强度工作和思考时间交替,独自工作和团队合作轮换。

强弱时期

该策略基于交替原则:高强度工作和放松内省交替进行。

这个原则不是一个新理论,它对应了由斯多葛学派倡导的、继而被塞内加[1]理论化的方法。塞内加指出了强弱时期交替进行的优势。

> 不停工作会影响精神状态,放松才能恢复精力。

Sprint产生的节奏,集体仪式和个体的日常生活之间的交替,行动与内省之间的划分,使团队能够长期且高强度地工作。

尽管sprint(冲刺)一词使人联想到短期强劲的努力,有其局限性,但我们还是保留了这个词。对此感到不快的人可以告诉自己,是故事在冲刺,不是人!

---

[1] 译者注:古罗马帝国哲学家、政治家、剧作家,受斯多葛哲学影响。

第六章
聚焦之路

条条大路通罗马

我们正走在通向敏捷第一阶段的道路上。为了聚焦，PermaBio团队使用了基于敏捷基本仪式的**混合敏捷**，包含了来自Scrum、极限编程和看板三大领域的不同概念。

这条路对PermaBio来说，可能是最直接且效果还不错的道路。但是，它并非适用于所有情况。

在其他情况下，另一个团队将采取另一条路以达到这个阶段。

团队可以从混合敏捷开始，并在前进过程中修改方向以适应遇到的新情况，这才是敏捷。团队还可能察觉到目标实在太难实现，甚至没有任何办法可以实现目标。

无论选择哪条路，只要团队设备精良，旅程就会更加容易。理想情况是在开始第一次sprint之前有一些准备时间。

这一时期——**前奏**——可以让团队处于最佳状态，从而实现聚焦，并在一季之内变敏捷。

整装出发

前奏为旅程做准备

前奏指的是从决定应用敏捷到第一次 sprint 的时间段。这段时间用来与整个生态系统分享新的工作方式，以构建一个促进敏捷发展的良性框架。

除了有必要创建初始待办列表来开启第一次 sprint，前奏还建立在以下三个活动之上，分别是：

组建团队

团队与利益相关者
达成一致

建造生态系统

后面两条总是被忽略，这可能会导致假敏捷。

实际上，团队不是孤立存在的，而是在利益相关者和工作空间所构成的环境中不断成长的。为了增加成功的概率，利益相关者应该对采用的敏捷方法有所了解，并明白他们需要参与其中。最后，在开始冲刺之前，最好确保一起构建的生态系统能产出结果。

前奏大纲

前奏大纲是辅助集体进行准备的工具。

以表格为呈现形式的大纲被证明可以激发集体的创造性。

通过 PermaBio 的例子，我们将研究前奏大纲的十格表格框架。

成为敏捷团队
L'art de devenir une équipe agile

组建团队

1. 通过团队职位定义团队。

PermaBio 团队由 6 位成员组成，各司其职。我们已经知道 Scrum Master 和产品负责人是如何确定其职责的。➡ 第 54—55 页。

2. 定义团队道德，即共同价值观。

PermaBio 团队的所有成员认同朴门永续设计这一理念。在这一阶段，我们已经能知道该团队是否运行良好，即是否具有实现聚焦的能力。如果还存在问题，则最好尽快处理。

团队和利益相关者达成一致

3. 列出利益相关者。➡ 第 55 页。

4. 定义团队和利益相关者关系的本质。

玛丽是一个非常了解该领域的利益相关者，团队与她保持良好的合作百利而无一害。皮埃尔是创始人，因此他有权力。销售维克多认为他的要求很紧急。为了避免权力和紧急请求干扰团队，皮埃尔、维克多和玛丽一起参加了敏捷培训。

5. 起草生态系统的存在意义及其愿景。

皮埃尔介绍了 PermaBio 存在的意义，并提出他与所有人共同的愿景。➡ 第 25—26 页。

6. 确定当前的情况以选择合适的道路。

PermaBio 团队使用了我们在整本书中介绍的混合敏捷。

该团队定义了从周三开始的每次为期两周的 sprint，以及每次持续三个月的季，并确定了不同仪式的开始时间和日期。

构建生态系统

7. 创造能产出结果的环境。

在前奏阶段，PermaBio 团队完成了初始待办列表中的一个小故事，以验证也们能否成功地使用其开发环境。

8. 定义团队共同的工作规则。

与紧急任务相关的规则。➡第124页。

与决策相关的规则。➡第126页。

9. 准备团队工作区。

PermaBio团队共处一室,墙前面的空间可用于可视化管理。

10. 最后,在目标上达成一致。➡第72页。

选择道路

我们是在研究"情境化"(前奏大纲的6号格子)时决定走哪条路。

如何定义生态系统的情境?这需要我们对比重要的特性。我提取了三个对聚焦道路有影响的因素。

- 涉及改变的请求是何种性质:紧急任务多还是少?
- 经济模式:是由内部团队还是外包公司开发?
- 地理位置的分散情况:团队在同一地点办公还是有团队成员远程工作?

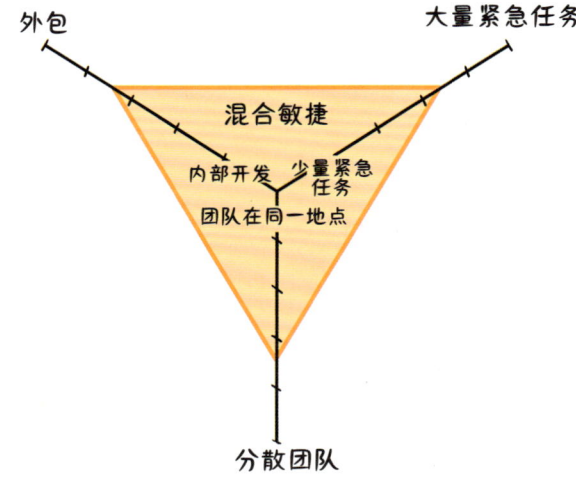

如果没有太多紧急任务，团队是内部团队，并且大部分成员在同一地点工作，那么PermaBio展示的**混合敏捷**就是最佳选择。否则，就要考虑选择由混合敏捷演变出来的其他道路[1]了。这里将介绍适用于最常见情况的三种道路：紧急请求流、外包和分散团队。

敏捷不是教条主义。在寻找适合自己的道路的途中也可以变得敏捷，这一道路可以与混合敏捷及其三种变体都不同。但是，刚开始时最好选择最主流的道路，因为团队在刚开始时如果缺少陪伴，则有可能会通往假敏捷（我们在第一章中讨论过）。

紧急请求流道路

我们已经看过PermaBio团队如何应对冰雹前采摘杏子的紧急情况。这不是要质疑sprint目标的合理性。天气恶劣期间，这些对作物有害的极端事件可能会变多。因此，sprint目标可能会不断调整，最后原目标甚至可能会失去意义。

不断出现的、需要立刻处理的新请求有悖于sprint目标。另一方面，这种类型的请求使得面向用户的故事理念并不总能适应现实情况。

缺乏目标会使团队更难聚焦。因此，为了避免分散精力以及保持团队的合作精神，**限制待完成工作的数量**这一概念（请参见第119页）至关重要。此变体与看板领域更相关，限制的概念也来源于此。

不像经典sprint计划中的"待处理""进行中""已完成"列表，团队看板可以实时地展示当前处理请求的活动状态。例如，添加一列来显示测试的情况，并定期调整工作量的上限，可以提高系统的流动性。

---

[1] 译者注：原文简称为变体。

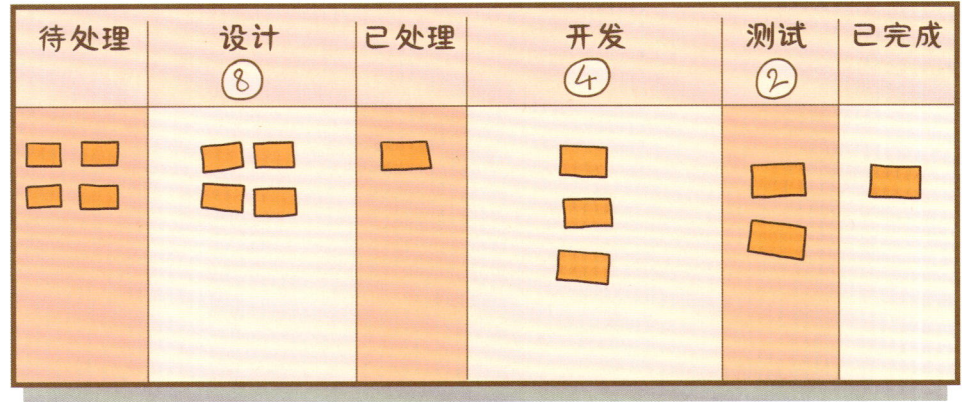

由于不再使用sprint目标,sprint这个理念也遭到了质疑。不过,为了实现聚焦,最好坚持定期举行仪式,而不是让团队根据需要偶尔举行。定期举行仪式,如每日站会或半月一次的回顾会议,有助于团队的敏捷发展。

外包道路

PermaBio团队的所有成员都属于同一个公司。但是在某些情况下,团队是由不同公司的成员组成的。一个典型的例子就是**外包**的情况。

在这种情况下,如果一方或另一方的利益相关者在首次遇到困难时就返回到旧模式,这会很快陷入假敏捷的状态。为避免这种情况出现,不要期待奇迹,只有三条路可选:在前奏中花时间让两个公司一起建立良性的生态系统,让团队处在异托邦的状态中,以及依靠最初取得的成功建立起相互信任。

想象一下,皮埃尔决定外包新服务的开发工作。他选择了一家早已实践过敏捷的公司,他们将在PermaBio的办公区工作。外包合同持续一季。

该公司为他推荐了一位产品负责人,皮埃尔拒绝了,他做得很好。该角色需要了解业务,难以交给外部公司。因此,卢卡斯将成为产品负责人。

即使进展顺利，皮埃尔很可能也想知道外包公司能为他带来什么。他坚持要求知道本季末的预期结果。而外包公司的经理则很可能会比较在意工作时间，因为这是他计算酬劳的常用方法。

这些将使团队前行的道路更加艰难。必须回应皮埃尔的请求，并制定一季的计划。团队将不得不进行预测。由于团队还没有 sprint 的经验，尚未衡量过一个 sprint 周期内可以完成的工作量，因此做的预测会有很大的不确定性。

简而言之，毫无疑问，两个公司间的磨合和额外的预测要求将减慢进度。

分散团队道路

PermaBio 团队中的每个人都在同一个地方工作。

想象一下这种情况：蕾雅在家工作，梅迪住太远，无法每天骑自行车上班，而迪欧一周远程工作两天。

成员分散的情况增加了一些约束。按常理来说，仪式是面对面进行的活动，因而有必要调整一下仪式的进程。

首先，大家必须彼此了解，在前奏中花时间聚在一起。花几天时间一起相处是团队追求聚焦的前提，由在场的所有人一起制定前奏大纲和第一次的 sprint 计划。

然后，每个人归位，为实现 sprint 目标努力工作。有许多促进远程协作的工具，团队可在前奏阶段就将它们安装上。

我们不会要求每个人都赶到办公室参加每日站会。团队将找到让远程成员参与的最佳方式（视频会议、电话会议、团队的看板照片、网络视频、待办列表管理工具等）。

对sprint周期内的完善工作也是一样的要求。

就sprint结束时的仪式而言，每个人亲自到场是最好的。如果不能做到，在不影响会议质量和团队信任感的前提下借助协作工具完成仪式。没有这些协作工具，团队将很难实现聚焦。

在一季结束时，希望每个人都可以到场，当然是为了一起庆祝成功，同时也是为下一季做准备。

从小处着手

掌握敏捷是团队的职责，这贯穿了他们自由选择的敏捷道路的始终。这份自由引起了两个争议。

在大中型企业中，在公司层面启动敏捷转型时，可能会涉及多个团队。市场上存在一些大规模敏捷框架，它们好像能为公司提供普适性的方案。在这种情况下，为什么还要让敏捷停留在团队层面呢？

不巧的是，大规模的敏捷框架要求对所有团队使用相同框架。因此，对管理人员来说，他们很容易按照旧方法进行转型，这不过是换汤不换药而已。

这是一个非常糟糕的主意：向团队强加流程与敏捷的原则相冲突。这就是为什么对整个公司启动敏捷转型时，必须让每个团队自由选择其发展道路，否则就是假敏捷。

由于团队规模有限，因此对于一个大型项目，有必要让多个团队进行合作。在这种情况下，我们是否应该规定额外的机制以使他们能够为了共同的目标合作？

这些大型项目（也称为程序）确实需要几个团队进行合作。需要考虑两个方面的问题：**序列化**和**同步化**。

团队创建序列化

在开发一个程序时，不会一次性创建所有的团队，因为升级是一个渐进的过程。可能的顺序是：第一个团队准备前奏并开始寻求聚焦，然后一个或两个其他团队开始一季或之后的sprint，等等。

请注意，所有团队共享一个生态系统，并拥有共同的利益相关者，这将有助于新团队的发展。

团队间的同步化

要让负责同一个产品的各个团队之间实现同步化,需要稍微地调整一下仪式。

首先,比较合理的是让所有sprint以相同的节奏运行,这让多个团队可以同步进行合作。

因为只有一种产品,即一种结果,所以每人在每个sprint结束时只进行一次评审会议。

多团队的同步化要求一些额外的仪式:

- 在新一季开始时确定共同目标;
- 确定各个团队的职责;
- 日常协调团队之间的依赖关系。

除了这几个限制外,每个团队都可以保留其自主权并选择自己喜欢的工作方式。

文化变革是团队聚焦的关键，绝不能以专制的方式进行。因此，最好从小处着手，一步一个脚印。

了解当前进度

一旦踏上旅程，团队就要定期进行总结，比如在每次回顾会议期间。

检查的目的是知道是否有必要调整方向，以免偏离聚焦的方向。

为了评估现状，要询问参加上一次评审会议的利益相关者，团队是否产出了价值？因为只有观察到团队定期产生的价值，才能判定它变得聚焦。

除了要评估结果，团队还要在回顾会议中思考如何改进以实现聚焦。以下问题奠定了思考的基础：

- 成为 TAPIS 团队，还需要做什么？
- 对于关键职位 Scrum Master 和产品负责人的工作，还有哪些地方可以优化？

- 应该怎样准备来让待办列表 PROUVÉ？
- 怎么改进以使结果更 FUN？
- 如何让仪式更顺利地进行？

团队可以根据这些问题的答案来确定下一次 sprint 的重点，以及决定是否需要调整前进方向。

前进并适应新情况

当前的情况可能表明团队没有产生预期的价值。此时，团队需要调整自己的方向以实现（良性敏捷的）聚焦。

以商业价值为导向调整方向

在某些情况下，初期 sprint 没有产生太大商业价值的原因是团队正忙于降低技术风险。一旦这些风险被消除，产品负责人就会通过调整待办列表的故事顺序，将工作导向具有更高商业价值的故事。

改变路线以调整方向

在其他情况下，我们发现 sprint 目标没能实现。团队成员经常说，这是由于他们在 sprint 周期内遇到的干扰：他们被迫处理紧急任务，因此没时间处理自己的工作。转向紧急请求流道路不失为一个选择。

寻求陪伴

最后,团队有可能进行了多次回顾会议,仍然不知道该如何前进。这时需要请一位临时指导(敏捷教练)来激发团队成员的新想法,以帮助团队进行改善。

转身是为了更好地重新出发

如果一个团队没有经过起点而直接上路,遇到困难很可能是因为其准备不足,甚至是没有准备。与其检查设备,不如回到起点重新整装出发。

这种情况通常是由于团队没有确立明确的目标就开启敏捷,例如没有设置"达到聚焦阶段"这样的目标。

尽管成员确实具有敏捷的思维方式和实现敏捷的愿望,但他们没有经历过前奏,以致每次sprint结束时,目标都没能实现。团队最终以混乱结束:其承诺没有兑现。

团队无法改进的另一个原因很可能是缺乏利益相关者的参与,或是大家未能就团队存在的意义达成一致。利益相关者不参与敏捷实践，通常会造成团队缺乏心理安全感。在这种情况下，团队不妨从前奏重新开始。

另一种情况下，团队因为人员变动而需要重新从前奏出发。原则上，团队要保持稳定。如果不遵守这一原则，通常需要从头开始进行集体学习。

旅程取消

团队如果希望建立更牢固的基础来实践敏捷，从而不断进步，那么重返前奏是有意义的。

如果没有这种愿望，则最好停止敏捷实验。

当团队中有一些人意见不统一时，可能会发生这种情况。聚焦要求改变团队文化。如果团队中很大一部分人坚决抵制改变，则无须坚持。

敏捷转型始终是一个邀请，不能强迫别人违反自己的意愿而变得敏捷。

团队还可能会认为敏捷不是正确的解决办法，因为他们无法改变其公司，而只有改变公司才能停止假敏捷。团队不相信利益相关者(当然包括经理)能真正投入其中。

放弃是一种极端的姿态,但放弃有时也能启发人们重新进行积极的质疑,从而带来新的开始。

实现聚焦

一季结束

一季结束后,在开始下一季之前,团队需要停下几天不开展 sprint。

想想除了产出之外的事,这对所有人都有好处。

这段时间可以做的一些活动:

- 集体庆祝；
- 花时间思考下一季的工作方式和要引入的新实践；
- 必要情况下，通过培养新人来调整团队规模；
- 清理待办列表，为下一季做准备；
- 确定下一季的目标。

评估

在此期间，我们将回答最初提出的问题：团队是否通过聚焦变敏捷了？

有一个办法是在团队和利益相关者共处时提问。的确，定期为利益相关者提供价值是团队实现聚焦的判断标准。因此，向他们征求意见合乎情理。

庆祝

完成了！一季末的回顾会议让我们得到了答案：团队实现了聚焦。那现在做什么呢？

我们开始庆祝成功！这是一个加强团队文化并激励成员继续努力的好办法。

庆功宴不必等到一季结束，每次sprint结束后都可以共度快乐时光。不过，季末的庆祝活动肯定更加热闹：利益相关者会参加，并且第二天早上不用开始新的sprint……

PermaBio团队变敏捷了！

PermaBio团队在一季（3个月）内实现了聚焦。这很惊人！有的团队要花更长的时间，很多团队甚至无法实现聚焦。

成功不仅仅在于团队变敏捷了，还在于它能定期为利益相关者带来价值。一个月后，菜汤的第一个版本面世了，这些菜肴现在都可供售卖，并在顾客中大受欢迎。每天配送的菜肴超过100份。

应第一批用户的要求，蔬果皮堆肥项目的优先级在待办列表中被提高，现在项目已经开启。

一场大型聚会正在准备中,不仅有汤,还有……

眼见为实的益处

皮埃尔将做一个简短的开场演讲,他提到如果没有敏捷,PermaBio 的新服务就不会这么快有客户。团队将继续开发需求清单上的所有功能,预计最快6个月后首次面世。这些功能包括供应链管理,尽管初期的 sprint 没有证明它的价值。

现在就让 PermaBio 团队去庆祝吧,我们来看看之前提到的兔子乐队。

第七章
通往更敏捷之路

然后呢？首先，团队的可持续发展

我希望前面的章节在为什么、与谁、何时以及如何成为敏捷团队这些问题上对你有所帮助。在最后一章中，我们将讨论团队在实现聚焦之后可以选择的敏捷道路，以求到达敏捷的新阶段。

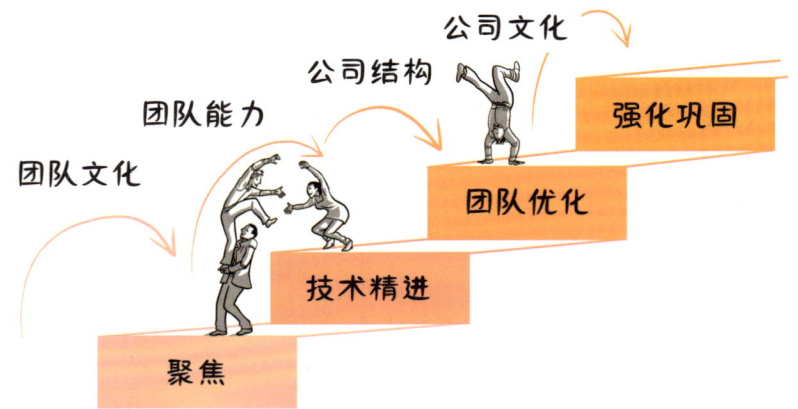

这里并不是要详细介绍敏捷的所有可能性。敏捷之兔的辉煌历史向我们展示了，它是如何一步一步获得成功和荣耀的。我们将参考敏捷之兔的经验，简单概述他们变得更敏捷的过程。我们将谈到他们付出的努力、所获得的回报和在各个阶段遇到的问题和疑虑。

为了变得更敏捷，首先，我们必须确保团队的可持续发展。团队的稳定是聚焦的一个必要条件。在聚焦之后的阶段，不稳定的风险更大。为了减少风险，团队应该摒弃项目概念而转向产品概念，并适应工作流。

从项目到产品

在许多公司中，员工的工作以项目的形式展开，也就是说，一旦项目确定，就会组建负责该项目的团队。这些项目会持续几个月。在项目结束时，团队解散，员工被重新分配到其他项目中。

项目概念在产品第一次发布时就失去意义，这一概念在那一刻就过时了，尽管产品在数年内还需要定期更新。设想另一种更有效率的工作方式，由同一个敏捷团队开发产品，并在整个生命周期中持续维护产品。团队在此过程中有时间提升自己了，从而能够达到期望水平。

流导向团队

有些产品一旦交付给最终用户就不再更新了。不再改进意味着"一锤子买卖"。这通常不包括软件或改进难度大的产品。

成为敏捷团队与使用项目模式或开发不再更新的产品并不矛盾。只要团队在项目或产品完成后不要解散，而是继续推动另一个项目或产品就行了。确实，一个在项目上花了几个月时间的团队已经学到了很多东西，尤其是在团队合作方面。如果解散，获取的经验就派不上用场了。

要拥有一支具有竞争力的团队，就必须抛弃传统观点：不组建临时团队，而要组建一个持续发展的团队，一个以工作流为导向的团队，可以一个接一个地开发项目。

因此，我们可以建立一个通过逐步完成多个项目而逐渐掌握敏捷的团队。如果团队遭遇重大变化，将无法保持优秀水平。正如我们在聚焦之路所看到的那样，人员变动使我们回到了起点。

回到兔子乐队：朱利安、西蒙和克拉拉从在卧室里拨弄吉他起步。然后，他们让贝特朗担任鼓手。这样，他们就建起了一支乐队，并称之为"敏捷之兔"。同时，朱利安和贝特朗改名吉米和贝特，这样听起来更摇滚一点。这支队伍此后一直保持稳定。

经过数周的排练，敏捷之兔在青年之家组织的比赛中第一次登台亮相。他们在音乐节中大放异彩。

他们能定期给人们带来欢乐，所以，他们实现了聚焦。在实现第一个飞跃之后，他们将做什么？

技术精进

敏捷之兔想上台表演并成为脍炙人口的乐队。

要付出的努力：发展技术能力

经过思考，他们决定在音乐技术上下功夫。除了受过古典音乐训练的克拉拉，其他人必须学习音乐理论。

如果没有好的舞台形象，将很难吸引更多的观众，演出组织者也不会邀请他们。西蒙提议穿着兔子装扮，这个想法引起了乐队的强烈兴趣。

对一个敏捷团队来说也是如此。要走得更远，已经实现聚焦的团队就要努力提高自己的技术能力。

当前的观察结果是，可能有一半以上的团队没有这样做。因为这需要花费时间，其结果是导致生产率的暂时下降。练习基本功，不断重复，直到将它转化为一种习惯，不仅仅是音乐，这适用于所有领域。

在软件领域，团队比较重视工程实践。当前的趋势是数字化转型，允许快速交付的实践通常被称为 DevOps。

聚焦团队要额外花 3~24 个月来掌握精进的技术，具体看他们的基础怎么样。

结果：根据要求产生价值

敏捷之兔已经训练了几个月。他们有了收获，取得了巨大进步。多亏克拉拉公关做得好，他们现在在当地广为人知，并定期在音乐厅表演。街上有粉丝认出了他们。真是可喜可贺。

感谢西蒙的辛苦工作，他们有了一个网站。他们发布了一首共同创作的作品《最后期限》（*Deadline*）。这首歌成了热门歌曲，并在电台播放。

对技术能力的掌握使敏捷团队能够一直交付完成度高的优质产品。以下人群可以观察到产品的高质量：

- 没有发现漏洞并欣赏产品实用性的用户；
- 没有技术负债，因而可以轻易完成改进产品的请求的团队成员。

实现技术精进的团队会根据业务量来产出有价值的结果。

停止还是继续?

敏捷之兔只在中小型音乐厅演奏,而非大型音乐厅、体育场或国外场馆。乐队成员对此意见不一。有的队员对他们的成功感到欣慰。对于贝特来说,这已经非常完美了。音乐会结束后,他穿着漂亮的兔子服装来享受这一刻。

队员们和西蒙一起回忆了刚开始的日子,并认为现在的生活是如此美好。

乐队现在的演奏水平一流,可以驾驭各种风格的曲目。吉米和克拉拉希望继续前进,并最终说服了另外两名队员跟随他们。

对于一支已经掌握了精进技术的团队,也会出现这样的问题。因为每个人都清楚下一个飞跃性的进步很难实现:他们得改变公司结构。

价值最大化

敏捷之兔最终决定追求自己的梦想:成为摇滚明星。他们准备用自己的音乐征服世界。

要付出的努力：改变公司结构

为此，他们必须调整团队规模。他们签了新的经纪公司，并雇用一名媒体公关与主办方进行沟通。这让克拉拉有了更多时间专注于音乐制作。

敏捷团队也是如此。为了将提供给用户的价值最大化，进而成为市场领导者，公司必须进行改革。

为了更好地了解市场，团队将与了解业务的利益相关者保持更密切的联系。为了履行职责，产品负责人会减少单独工作的时间，他会在一个产品生命周期中更早地投入到工作中。一些研究技能（如精益创业[1]）将用于验证用户的想法。

为了达到聚焦或实现技术精进，团队可以和公司保持相对独立，但这点不适用于团队优化。

为了使团队实现价值最大化，它必须严格把控从用户需求到投入使用的整个过程。这势必要调整团队的构成。新结构的目标是减少依赖关系，以确保每个人都能顺利进行产出。

---

[1] 译者注：精益创业是硅谷流行的一种创业方法论，其核心思想是：先在市场中投入一个极简的原型产品，然后通过不断的学习和有价值的用户反馈，对产品进行快速迭代优化，以期适应市场。

结果：价值最大化

敏捷之兔花了三年时间才实现他们的梦想。他们已经成为一个著名的乐队，在大型演奏厅的表演一票难求，各种夏日音乐会向他们发出邀请。

通过巡回演出和发布专辑，他们知道如何制作使人快乐的音乐。

无须依赖那些时间宝贵的专家，团队本身能够独立提出设想并进行验证，从而优化产品价值。团队能针对产品做出正确的决定。

价值最大化的关键在于，团队可以独立自主地管理预算。

正是在此阶段，敏捷的承诺兑现了。杰夫·帕顿（Jeff Patton）的名言"用最小的投入获取最大的回报"对其做了正确的诠释。

停止还是继续？

敏捷之兔可以止步于荣耀的巅峰，继续制作畅销专辑和巡回演出。

但是他们想同刚起步的年轻乐队分享自己的经验。他们还想与弹奏各类曲风的音乐家一起进行实验性音乐表演。

价值最大化的敏捷团队也是这样。一些成员可能想和别的团队进行交流。

巩固敏捷

敏捷之兔现在想传授他们的经验，同时也想从新的音乐碰撞中不断学习。

促进生态系统的发展

凭借自己在全世界的声誉，敏捷之兔不忘初心，希望分享他们的知识和感悟以启发其他乐队。他们创建了一个新的经纪公司，以帮助年轻的艺术家。这个想法吸引着贝特，他花了很多时间来为初创乐队答疑解惑。他邀请这些乐队去录音棚，让他们感受最先进的技术。

通过增强生态系统的敏捷性，实现价值最大化的敏捷团队可以走得更远：

- 通过发明新的实践来激发创新；
- 通过优化整个价值链，包括涉及的其他服务或公司。

增强敏捷性与尝试其他管理形式并驾齐驱。弗雷德里克·拉卢（Frédéric Laloux）在《重塑组织》（Reinventing Organizations）一书中，列举了一些公司实施新型管理模式的案例。

通过分享来继续学习

在音乐上，乐队的每个成员都可以自由地发挥创意，发现新的音乐文化能给他们带来新的乐趣。

吉米不时与爵士艺术家一同演奏。这些即兴演奏给他带来了很多乐趣，也让他为敏捷之兔带来了新的想法。

经验丰富的敏捷团队成员乐于和其他团队一起交流、分享经验以及共建实践社区。他们在帮助公司改变文化。

巩固强化阶段不是我们一天就能达到的，这是我们为了改变公司文化而选择的前进方向。目前，遵循这个方向的团队和公司仍然很少。尽管处在实验阶段，它们也是存在的！

每个团队选择正确道路的重要性

敏捷之兔的例子代表了通向成功和荣耀的胜利之路。这向我们表明，团队可以通过技术精进、团队优化和强化巩固敏捷能力来变得更敏捷。但是，请不要忘记：

- 在变得**更**敏捷之前，必须先要变敏捷；
- 考虑到每个团队的实际情况，期望所有团队都超出预期地变得更敏捷既不现实，也没有意义。

对每个团队来说，要综合考虑预期收益和必要投资来选择他们想要达到的阶段。

在某些情况下，聚焦就已足够

另一种情况是，敏捷之兔满足于只参加音乐节，他们没有更远大的目标，没有时间也没有意愿去精进吉他技术，更没钱参加音乐理论培训。

同样，在某些情况下，敏捷团队不会超越聚焦。例如，当团队开发了一个版本，重要客户认为团队满足了他们的需求。这个版本完成了它的使命，提出的想法得到验证，但并不需要量产。

当产品的生命周期很短时，在品质方面持续进行投资并不总是值得的。我们希望获取的价值是通过学习实现的，而不是通过金钱投资实现的。

在考虑进一步发展之前，聚焦很重要

团队可能希望变得非常敏捷，这不是为了仅仅比其他团队更敏捷，而是为了获得更多利益。这是一个野心勃勃的旅程，但代价是需要进行新的投资。这需要时间，目标似乎变得难以到达。敏捷促使我们以迭代的形式实现较近的目标。这就是为什么从聚焦开始要比直接试图达到优化阶段的风险小。

此外，如果你真的对优化实践（如精益创业）感兴趣，你可以大胆尝试，即便你的首要任务是先掌握敏捷的基础知识。

聚焦对于避免假敏捷至关重要

敏捷的丰富性带来了极大的开放性，这很好。但这使团队难以做出选择。从哪里开始？如何避免同时开启多项任务？如何避免陷入假敏捷？

专注于聚焦为团队提供了一个框架，可以将其思考导向最重要的方面，即集体文化。

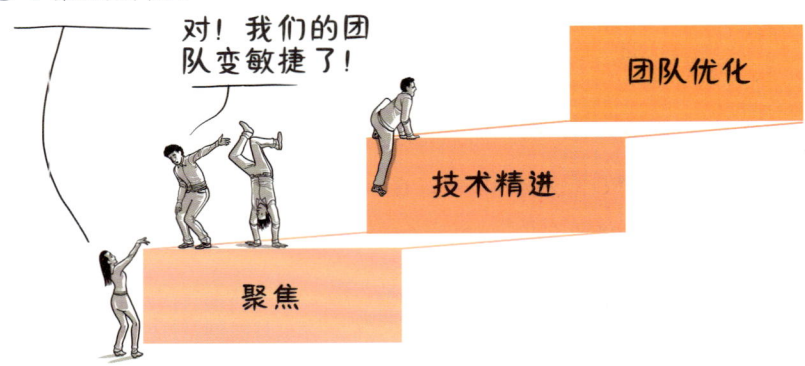

努力探索敏捷团队养成术

由你决定！探索你的敏捷团队养成术。根据情况选择合适的道路。

最后，我们提供了三份报告，它们诠释了道路的多样性以及良好起步的重要性。我们希望你能从中获得启发！

红帽团队的聚焦之路

该报告由红帽（Red Hat）工程领导团队的亚历克西斯·蒙维尔提供。

公司

自1993年以来，红帽按照开放源代码开发模型设计公司软件。相信通过与众多 IT 前沿人物、开放源代码支持者、开发人员和商业伙伴的合作，我们能够创建更适合未来 IT 的解决方案。

红帽®公司 Linux® 的业务扩展到了基于开放式合作业务模型的全系列产品和服务，包含了价格合理且可预测的订阅模式。

之前出现的问题

我在红帽收购 eNovance[1] 后加入公司，当时，将与我合作的团队明确表示 Scrum 和敏捷不适用于他们。

他们过去的试验与克劳德所说的假敏捷非常相似，要放弃吗？

不过，在我们的行业中，敏捷本身显然不是目的，而是一种再正常不过的定期且持续为用户提供期望价值的方法。

尝试的解决办法

我们选择了克劳德所说的**聚焦**作为实现敏捷的第一步。我们被分成几个多学科小团队。每个团队在了解与其他团队的依赖关系和相互影响后，确定了它们的任务。我们通过鼓励管理层将部分权力明确地下放到团队来改变管理层。

这一权力下放围绕团队不同成员的职责进行。没有现成的术语可以借用，我们不得不自己发明术语。我们最终采用了用户律师（User Advocate）和团队催化者（Team Catalyst）这两个词。

小结

进行**职责定义**是有用处的，因为这帮助所有人理解并认同这个定义。用户律师负责确保团队理解其产出结果的内容和原因，而团队催化者则负责确保团队遵循和

---

[1] 译者注：eNovance 是一家开源云计算服务提供商，其优势在于系统集成能力和工程人才，加上红帽在 OpenStack 领域的投入，两者的联合将满足企业对 OpenStack 咨询、设计及部署的更多需求。

改进其工作方式。

这些职责与产品负责人和 Scrum Master 相似。在前奏期间重新定义团队角色，意在提升团队中每个人的地位，增加每位成员的集体归属感。

我们改进的另一个重要方面，是使"在线产品"团队的目标与公司目标保持一致。每一"季"（克劳德提出的说法）中，将目标减少为每个版本一个目标是很难的。主要目标在很大程度上构成了团队的动力，因此团队会为实现主要目标而努力。

遗憾的是，我没有在一开始就规定所有团队遵循一个**统一节奏**。对团队的要求是每两周进行一次回顾会议。其余的活动依靠用户律师和团队催化者定期举行，并在不同的团队中进行推广。事后看来，我认为两个星期的统一节奏能够帮助我们更快地实现聚焦。

不过，我们非常高兴地注意到，过去我们长时间地工作，到头来只是延期发布了非常不完善的产品，而现在，我们在规定期限内能够发布更好的产品，并且工作节奏更合理。

罗格朗团队新文化的发展

电气基础设施制造商罗格朗（Legrand）的研发经理克劳德·安德里厄提供了此报告。

公司

罗格朗建筑系统事业部开发的产品用于消防安全、照明管理，以及第三产业办公楼的其他电子设备管理。这些产品对应受特定法规限制的国际市场。研发团队包括几类专业人才：机械电子设计师、嵌入式软件开发人员、Web或移动应用程序开发人员以及测试人员、质检专家和技术文书撰写员。

之前出现的问题

这几年来新产品的发布很艰难，罗格朗事业部的研发部门于2016年开始进行敏捷转型。这次转型，没有提前准备，没有任何支持，刚开头就注定了失败。来自社会层面的压力加剧了管理层与员工之间的误解，很快就给转型造成了很多阻力。

在这种情况下，我同意以研发经理的身份加入罗格朗。然而，一切都表明敏捷转型不可能实现：一个大型的CAC40[1]集团，金字塔式的组织和严格的财务管理，形成了"控制—命令"这一不可挑战的框架，想通过敏捷挽救其中一个部门……对于许多观察家来说，这家企业注定要走向失败。

尝试的解决办法

通过强调团队文化的发展，团队得以重整旗鼓。几乎所有的研发成员，以及产品开发（如市场营销、采购、物流、工业方法）的直接利益相关者，都要学习敏捷方法，同时开始团队成员关系维护和利益相关者关系维护的工作。一个全球公开的论坛得以举办，解决了与产品开发无关的多个问题。各种集体研讨会激发了各项推动多专业团队和**实验**验证的举措。并非所有这些举措都能极大地改变团队文化，不过，除了遵循仪式，自组织也有可能会实现。

例如，在其中一次集体研讨会上，几乎所有研发团队成员都参与了，他们决定

---

[1] 译者注：指在巴黎泛欧交易所上市的40家市值最大的法国公司。

重新规划研发场所。现在，合作空间考虑了业务的多样性（及其约束），共同空间扩大了，没有再按业务进行分割。所有的合作空间都与一个位处中央的原型机作坊相连。每个合作空间都配备一块"跟进"区域，可以在其中张贴项目表，还有一块"融合"区域，可以使团队成员或者与利益相关者进行更深入的讨论。在这些生产空间周围是长期或短期利益相关者的办公室。

所有团队成员，加上利益相关者一共5至15人，进行了Scrum仪式（计划会议、每日站会、评审会议、回顾会议），并系统地建立了看板。一些研发成员自发地成为产品负责人或Scrum Master，无论他们是经理还是设计师，管理人员或非管理人员。甚至有团队通过选举的方式来选择产品负责人。

在工业环境中，每次sprint结束后，不可能只向最终客户交付部分产品。不过，收集更多反馈的愿望催生了"超级演示会议"，也称为"见面会"。会议地点比开发团队往常开会的空间更大，以便能够吸引来自公司各个部门可能成为第三产业建筑潜在用户的员工。

考虑到现实情况，每日站会仪式有时需要调整为每周一次，因为不同行业（电子、机械或软件）的生产节奏不能保证每天同步。

小结

在不到两年的时间里（过去从未发生过），几个团队已将其产品交付给最终客户。他们的待办列表总是不断更新，新功能在持续交付中。

两年来，道路建好了，笑容回来了，创举完成了，团队收获了第一批产品。还没结束：仍然存在许多问题。

到现在为止，大多数团队已经变敏捷并实现了聚焦。也就是说，团队成员及其利益相关者能够理性地从创造客户价值的角度去思考，尽管有时可能仍没有完全体现客户的想法。如果交付已经完成，那么持续跟进就需要定期为团队提供支持，并让团队不断重复敏捷实践和仪式。现在，各行各业的技术能力（工艺）都得到了增强，这将加强团队的信心和提高团队的应变能力。

法国巴黎银行团队的敏捷评估

BDSI 敏捷和 DevOps 转型负责人让·凡德拉维奇提供了此报告。

公司

BDSI 是法国巴黎银行集团（BNP Paribas）的子公司，成立于 2004 年，管理该集团在非洲和海外的 14 家银行的信息系统的开发和维护。BDSI 将自己定位为集团的创新驱动，通过现代化的工作方法来支持法国巴黎银行集团的数字化转型。

之前出现的问题

我们的敏捷故事始于 2015 年，先有第一支 Scrum 开发团队，然后是第二支、第三支，最后是两支看板流团队。

2017 年，我们希望在 IT 部门推广敏捷，同时加快学习 DevOps 和工艺方面的专业知识。当时，就使用的技术而言，涉及的领域比较广泛和杂乱，包含了从"大型"核心业务应用程序到更小、更新、更数字化的应用程序。对于公司来说，情况也是如此，公司有 Scrum 团队、听说过敏捷的团队和觉得自己被甩在后面的团队。

另外，我们还希望能够评估我们的"敏捷转型"，为日后树立新的雄心做准备。

最后，我们认识到不应强行改变团队，而是应该考虑特定环境和适用范围，优先实现文化适应。

尝试的解决办法

因此，衡量我们敏捷习得的方法必须是务实的。

当巴勃罗·佩尔诺（Pablo Pernot）建议我们使用敏捷爽畅模型作为指导时，这似乎非常合适。的确，大多数团队仍需要教练的帮助来了解目前的进度，然后继续朝着敏捷的方向前进。

因此，每个团队都要参加一次研讨会。听完这一模型的介绍后，团队将一起定义他们在中期希望达到的水平，然后，在教练的帮助下确定他们当前所处的阶段。研讨会的最后用来一起思考实现该目标所必需的实践。

结果是一张表格，实践列为四项：从"不需要"到"待获取"和"正在获取"，最后是"已获取"。

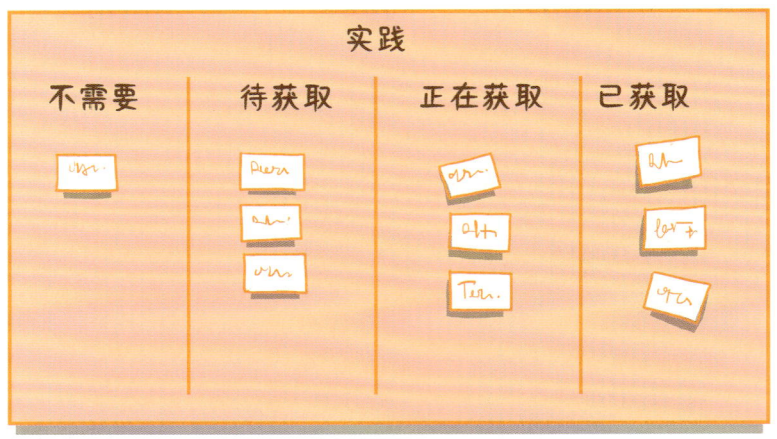

从这张表可以看出，团队定义了改进任务的优先级。

小结

今天，在敏捷之路的指导方法中，有一些是值得我们借鉴的：

- 带着善意，谦虚地开始工作，激励团队成员展示自己的技能；
- 意见统一，我们以及各敏捷教练要就实践的通用定义达成一致；
- 大范围分享开展仪式的最佳方式；
- 考虑到团队内部以及团队之间敏捷技能的异质性；
- 创造有利于互动、交流、学习、渴望进步和分享体会的环境；
- 创造适合团队和整个公司成熟度的基础条件；
- 优秀团队要进行自我评估。

除了这些积极的经验，我们现在希望敏捷爽畅能成为所有人都掌握的敏捷框架。当我们踏上漫长的敏捷之路时，敏捷爽畅模型提供的"攻略"比以往任何时候更能突显拥有阶段性"路标"是多么的重要，比如敏捷之路最开始的聚焦"路标"。

成为敏捷团队
L'art de devenir une équipe agile

启发本书的读物

第一章：为什么要变敏捷？

- 《敏捷宣言》（*Agile Manifesto*）——17 位合著者，108 个字。这是一份简短的宣言……不过，除此之外，《敏捷宣言》还包括 12 项原则。108 字的版本是我翻译的版本。显然，在将近 20 年之后，《宣言》的地位依然稳固。有人认为敏捷需要与时俱进，尤其是在软件以外的领域。最有影响力的尝试是约书亚·科瑞夫斯盖（Joshua Kereviesky）写的《现代敏捷》（*Modern Agile*）。

- 《后工业项目》（*Post-industrial Project*）——迈克·格里菲思（Mike Griffiths）。区分知识型工作和工业型工作的依据来源于他博客（Leadinganswers.com）中的这篇文章。我对其中的一些概念做了一点修改。此外，格里菲思还是 PMI 敏捷（PMI-Agile）认证参考书的作者。知识型工作的概念最初是由管理大师彼得·德鲁克（Peter Drucker）提出的。

- 《2018 年敏捷软件现状》（*The State of Agile Software in 2018*）——马丁·福勒（Martin Fowler）。这篇文章是他在悉尼会议上的演讲稿。当时，他介绍了假敏捷的概念。马丁·福勒以其在软件工程领域的专业性 [他的《重构》（*Refactoring*）于 2019 年再版] 以及对敏捷运动的远见而闻名。

- 《加速！》（*Accelerate!*）——N. 福斯格伦（N. Forsgren）、J. 亨布尔（J. Humble）和 G. 金（G. Kim）。这本书是多年实地考察的结果。书中第二章介绍的统计方法证明了精益、DevOps 和敏捷实践的有效性。

- 《敏捷爽畅》（*Agile Fluency*）——詹姆斯·肖尔（James Shore）和戴安娜·拉森（Diana Larsen）。二人于 2012 年发表的第一篇文章定义了敏捷爽畅模型的概念；随后，又于 2017 年发布了更新后的文章。为了让概念适用于软件以外的领域，我稍稍修改了一下原模型。我将第二阶段（交付）重命名为技术精进（卓越技术）阶段。敏捷爽畅仅仅是一个模型，但是它提供了作为指南的有力指导。本书主要涉及变敏捷的聚焦领域。

- 秉持着排除一切不利于变敏捷因素的想法，阿利斯泰尔·科伯恩（Alistair Cockburn）在这一点上与我们不谋而合，他是《敏捷宣言》[敏捷之心和守、破、离（Shu Ha Ri）]的起草人之一。

第二章：敏捷团队的生态系统

- 《从内部改变团队》（Changing your Team from the Inside）——亚历克西斯·蒙维尔（Alexis Monville）。我引用了书中本杰明·富兰克林（Benjamin Franklin）关于团体规模的看法。即使书名中未出现"敏捷"一词，他的书也包含了许多其他的参考资料，任何希望变敏捷的团队都可以从中获取大量信息。

- 《橄榄球私人字典》（Dictionnaire amoureux du rugby）——丹尼尔·埃雷罗（Daniel Herrero）。并列争球（每日站会）和完美传球是用于解释团队合作的绝佳例子。解释敏捷常借用运动类比。有些词有待商榷，例如冲刺（sprint），不过橄榄球运动仍然是表现团队或集体智慧的典型范例。

- 《敏捷部落》（La horde agile）——巴勃罗·佩尔诺（Pablo Pernot）。探讨在工业模式尚未破坏社会的自组织时的往昔时光。书中提到了罗宾·邓巴（Robin Dunbar）关于团队的合理人数的研究。

- 《幸福管理》（Management for Happiness）——尤尔亨·阿佩罗（Jurgen Appelo）。我以他的T恤衫管理为例来解释什么是团队的身份认同。阿佩罗已经写了几本有关管理3.0的书。《幸福管理》是他推崇的实践的插画版。

- 《最有效的干法》（Joy, Inc.）——理查德·谢里登（Richard Sheridan）。本书讲述了服务公司Menlo变敏捷的故事。结对工作的系统性实践可以推动合作完成。

- 《自信的力量》（La confiance en soi）——夏尔·佩潘（Charles Pépin）。

通过敏捷团队来解释各个种类的信任。佩潘在《哲学杂志》(*Philosophie Magazine*)上有一个读者回复专栏。《自信的力量》(2018)是他的最新作品。

第三章：反馈循环

- 《Scrum：敏捷的灵活实践》(*Scrum—Pour une pratique vivante de l'agilité*)——克劳德·奥布里(Claude Aubry)。反馈循环是与控制论[1]有关的概念。复杂系统研究的主流思想中有提到大循环或朴门永续设计，在我这本书的第5版中也有介绍。同时，我还介绍了"季"的概念，并详细说明了待办列表的结构和完善。

第四章：Sprint仪式

- 《Scrum指南》(*Le guide Scrum*)——肯·施瓦伯(Ken Schwaber)和杰夫·萨瑟兰(Jeff Sutherland)。这本书提到了经验论的概念，即可见性、检查和修正。请注意，我书中提到的"仪式"在《Scrum指南》中被称为事件。
- 《自信的力量》——夏尔·佩潘。正是阅读了他的作品，我才决定称sprint事件为仪式。
- 《小王子》(*Le Petit Prince*)——安托万·德·圣埃克苏佩里(Antoine de Saint-Exupéry)。用这本书来介绍仪式真是太美好了。

第五章：新文化日常化

- 《拖延》(*La procrastination*)——约翰·佩里(John Perry)。可以看出，拖延与敏捷相排斥，并使得假紧急任务消耗团队精力。本书精彩地陈述了完成任务的乐趣。
- 《看板：敏捷公司的管理流动方法》(*Kanban—Une approche en flux pour*

---

[1] 译者注：一门研究动态系统在变化的环境条件下如何保持平衡状态或稳定状态的科学。

l'entreprise agile）——洛朗·莫里索（Laurent Morisseau）和巴勃罗·佩尔诺。这本看板参考书中有我使用的"极限（上限）"概念的详细介绍。
- 《失败的美德》（Les vertus de l'échec）——夏尔·佩潘。拥有犯错甚至是失败的权利，对于法国文化来说已经是一种改变，特别是在教育领域。对于所有（比如我）害怕失败的人来说，这是一本大有裨益的书。

第六章：聚焦之路

- 《Scrum：敏捷的灵活实践》——克劳德·奥布里。我在第5版中新立三个章节介绍前奏的概念、情境化，以及混合敏捷和看板。
- 《看板：敏捷公司的管理流动方法》——洛朗·莫里索和巴勃罗·佩尔诺。紧急请求流这一变体是使用看板来帮助团队在这种情况下能够通过聚焦而变得敏捷。这就是为什么要保留团队的职责和定期参加仪式的原因。据洛朗和巴勃罗的描述，即便团队没有变敏捷的目标，看板也可以用于其他情景和其他阶段。
- 《敏捷文化》（Culture Agile）——让-克劳德·格罗让（Jean-Claude Grosjean）。该书为团队提供了一些有用的建议，如远程工作（分散团队的一种变体）。这本书介绍了很多可以改变公司文化的小工具。

第七章：通往更敏捷之路

- 《流畅@敏捷：将您的工作方式可视化》（Fluent@agile—Visualizing your way of working）——彼得·安特曼（Peter Antman）。这篇文章介绍了在Spotify[1]举办的关于敏捷爽畅模型的研讨会。正是在那里，在RAID[2]敏捷活动期间，我和巴勃罗·佩尔诺发明了乐队这个类比（在Spotify很容易理解），并在本书中列举了摇滚乐队敏捷之兔的例子。

---

1 译者注：一个正版流媒体音乐服务平台。
2 译者注：RAID指对风险（Risks）、推断（Assumptions）、问题（Issues）及依赖关系（Dependencies）进行评估。

启发本书的读物

- 《运行精益》(*Running Lean*)——阿什·莫瑞亚(Ash Maurya)。本书(被翻译成法文)以非常通俗易懂的方式举例,展示了通过实验进行精益创业的实践。

- 《故事映射:将用户故事可视化以开发合适的产品》(*Le story mapping—Visualisez vos user stories pour développer le bon produit*)——杰夫·帕顿(Jeff Patton)。他在书中引用了格言"用最小的投入获取最大的回报"。杰夫是产品定义专家。故事映射技术在前奏(相对于其他阶段)中非常有用,可用于定义初始待办列表。

- 《重塑组织》(*Reinventing Organizations*),艾蒂安·阿佩尔(Étienne Appert)插画本——弗雷德里克·拉卢(Etienne Appert-Frédéric Laloux)。这本书是我第一个灵感来源。事实上,正是在阅读之后才产生了创作敏捷插画书的想法。很荣幸的是,艾蒂安担任了本书的插画师。

  我们在图卢兹的敏捷阅读俱乐部里进行了多次关于这些书籍的讨论。感谢安东尼·卡赛涅(Anthony Cassaigne)和让-帕斯卡·伯格纳德(Jean-Pascal Boignard)领导了这个振奋人心的俱乐部。

  我的灵感来源还包括我经常访问的两个网站:

- 敏捷维基 CESI,多亏了法布里斯·艾梅蒂(Fabrice Aimetti),网站里有丰富的译文。

- *Philonomist*,除了我已经阅读了几年的《哲学杂志》之外,这是一个于 2018 年创立的、从哲学角度思考职场和工作的媒体平台。